ÉLOGE

DE

MONTESQUIEU

PRÉSENTÉ A L'ACADÉMIE DE BORDEAUX LE 28 MARS 1785

PAR

J.-P. MARAT

PUBLIÉ AVEC UNE

INTRODUCTION

Par Arthur de BRÉZETZ

AVOCAT, SECRÉTAIRE DE LA SOCIÉTÉ DES BIBLIOPHILES DE GUYENNE

Membre de la Société des Archives historiques de la Gironde, etc.

※

LIBOURNE

G. MALEVILLE, LIBRAIRE-ÉDITEUR

22, RUE MONTESQUIEU, 22

—

MDCCCLXXXIII

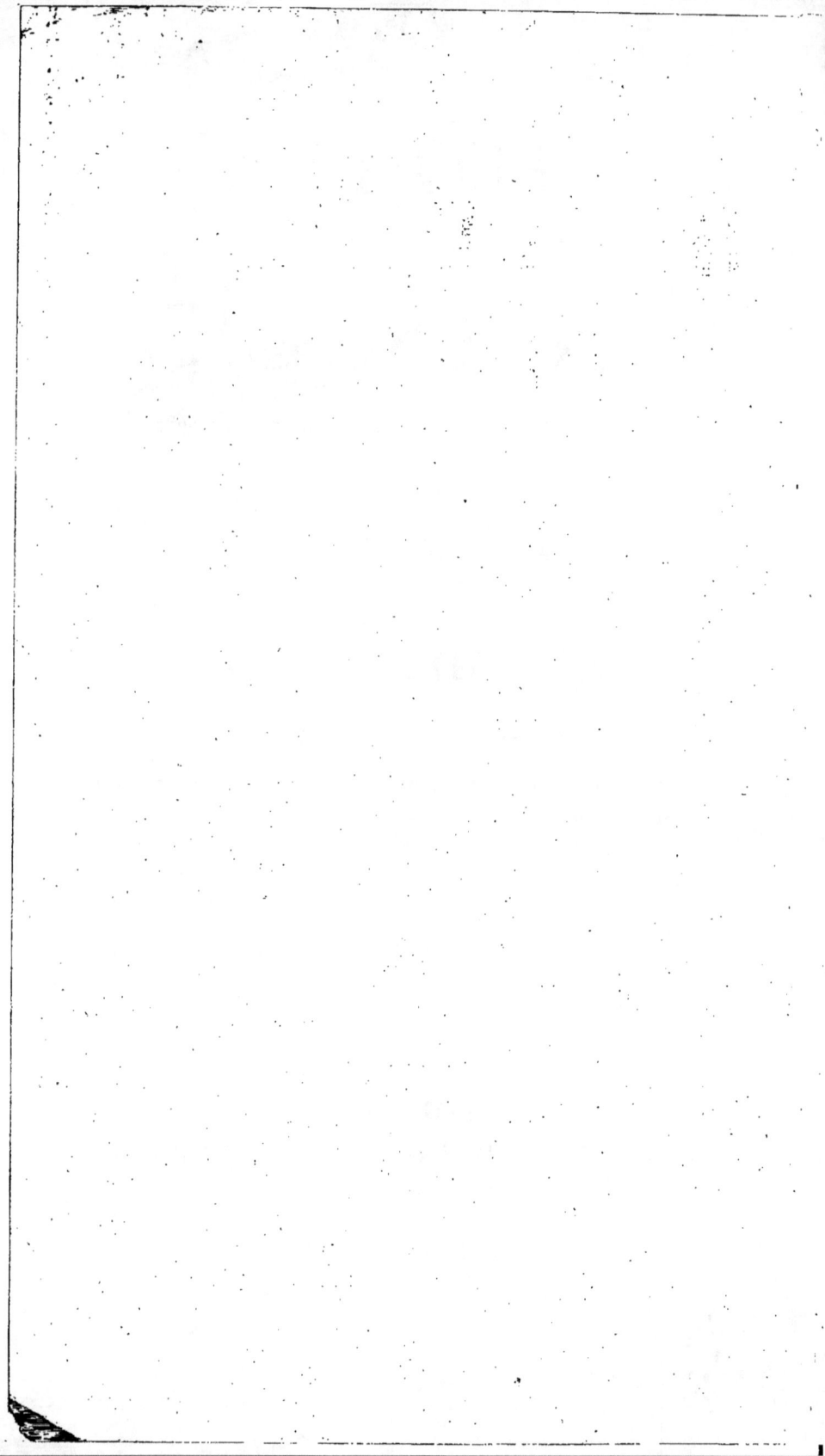

ÉLOGE

DE

MONTESQUIEU

ÉLOGE

DE

MONTESQUIEU

PRÉSENTÉ A L'ACADÉMIE DE BORDEAUX LE 28 MARS 1785

PAR

J.-P. MARAT

INTRODUCTION

Par ARTHUR DE BRÉZETZ

AVOCAT, SECRÉTAIRE DE LA SOCIÉTÉ DES BIBLIOPHILES DE GUYENNE

Membre de la Société des Archives historiques de la Gironde, etc.

LIBOURNE

G. MALEVILLE, LIBRAIRE-ÉDITEUR

22, RUE MONTESQUIEU, 22

—

1883

INTRODUCTION

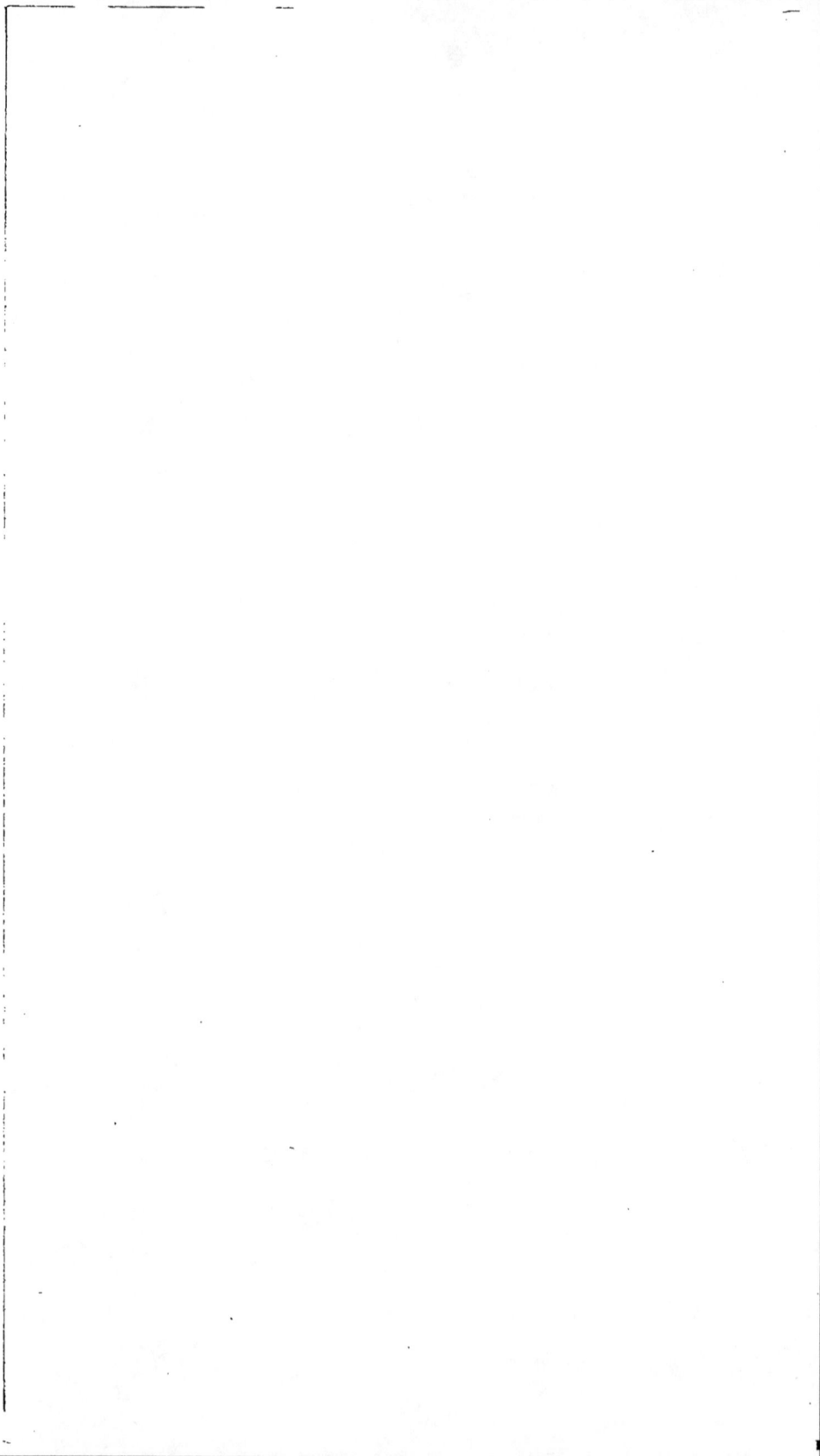

INTRODUCTION

« Nous ne sommes plus au temps, dit M. L. Vian (1), où Montesquieu passionnait les esprits, où Marat concourait pour son éloge..... » Il est certain que, si beaucoup de personnes connaissent le nom de l'immortel auteur de l'*Esprit des Lois*, il en est très peu qui aient lu ses ouvrages. Mais ce qui nous a paru curieux, c'est de savoir dans quelles circonstances Marat fut amené à prendre part à un concours ayant pour but l'Éloge de Montesquieu.

Marat ne fut pas toujours l'homme cruel et sanguinaire, qui a laissé dans l'histoire un nom justement exécré. Il s'était adonné, dans la première période de sa vie, à l'étude des lettres, des sciences et de la philosophie. Il était docteur en médecine, et a laissé des

---

(1) *Histoire de Montesquieu*. Paris, Didier; in-8°. 1878. V. Introd., p. IV.

mémoires intéressants. Cependant nous ne voulons point nous mettre au nombre de ses défenseurs; et, si nous publions un de ses travaux, c'est que, devant un jour jouer un grand rôle dans la Révolution, il est utile de connaître les causes de son admiration pour Montesquieu.

Un autre motif nous a également guidé dans cette publication : nous avons pensé que les bibliophiles, toujours à la recherche de pièces rares et curieuses, seraient heureux de joindre à l'excellente édition des *Œuvres de Montesquieu,* par M. LABOULAYE (1), une appréciation nouvelle des œuvres de l'auteur de l'*Esprit des Lois.* Enfin, une dernière raison que nous croyons pouvoir invoquer, est l'intérêt qui s'attache à toute pièce inédite, pouvant éclairer d'un jour nouveau la période si intéressante de la fin du xviiie siècle. C'est ainsi que nous arrivons à connaître les idées qui servirent de point de départ à la Révolution.

Tels sont les motifs qui nous ont décidé à publier ce petit volume.

Marat, dans ses ouvrages, citait volontiers Montesquieu à l'appui des thèses qu'il soutenait. Il était un grand admirateur de Montesquieu et de Rousseau. Il fut même un des plus ardents défenseurs de l'auteur

(1) Paris, Garnier. 6 vol. in-8°.

de l'*Esprit des Lois*. Dans un de ses livres (1), il prend ainsi sa défense : « *On reproche à Montesquieu d'avoir quelquefois manqué d'énergie, et on l'oppose à Rousseau. Quelle différence entre ces deux hommes ! Rousseau n'a pas craint de soulever contre lui l'autorité, j'en conviens, mais il n'avoit rien à perdre à la persécution ; il portoit partout avec lui son génie, sa célébrité ; sa gloire ne pouvoit qu'y gagner. Mais Montesquieu avoit une grande fortune en fonds de terre ; il tenoit à une famille notable ; il avoit femme et enfans ; que de liens ! Et toutefois il ne craignoit pas d'attaquer l'autorité arbitraire, les vices du gouvernement, les prodigalités du Prince..... »*

En 1866 (2), lorsque M. Félix Ducasse publia un article bibliographique sur Marat, il y ajouta un extrait d'un Eloge inédit de Montesquieu. Il en donna cent et quelques lignes qui excitèrent la curiosité des admi-

(1) *Projet de déclaration des droits de l'homme et du citoyen*, suivi d'un plan de constitution sage et libre. — 1789. in-8. — V. Chévremont. — J.-P. Marat, Esprit politique, p. 102.

(2) Voir l'*Avenir national*, du 7 octobre 1866. Il nous a été impossible de nous procurer ce journal. C'est grâce à l'obligeance de M. Chévremont, auteur de différents travaux sur Marat, que j'ai pu avoir une copie de cet extrait, ainsi que divers renseignements sur le manuscrit dont parle M. Ducasse.

rateurs de Montesquieu et des défenseurs de Marat.
Comment eut-il connaissance de ce manuscrit ? Quel
pouvait en être l'heureux propriétaire ? Que devint
ce manuscrit ? Telles sont les différentes questions
que nous nous proposons de résoudre.

« *Le manuscrit autographe,* nous fait savoir
l'obligeant bibliographe de Marat, M. Chévremont,
*dont il n'est nullement fait mention dans l'in-
ventaire des papiers de Marat dressé par le
Comité de sûreté générale de la Convention,
devint la propriété d'un de ses neveux, résidant
à Genève depuis longtemps.* » C'est ainsi que
M. Ducasse eut connaissance du manuscrit, et par
curiosité en publia les cent dernières lignes.

« *Cette publication, ajoute notre bienveillant
correspondant, loin d'être approuvée par la
famille, provoqua le mécontentement du frère
de M. Marat, de Genève.* » En 1866, ce manuscrit était la propriété des arrière-neveux de
Marat, à l'obligeance desquels M. Ducasse en devait
la communication.

Les motifs qui décidèrent l'héritier du célèbre
conventionnel à en empêcher la publication, nous
sont inconnus. Certainement ce travail ne portait
point ombrage à la réputation du Jacobin, mais ser-
vait à nous le faire connaître d'une manière plus
intime et plus particulière. Bien que l'éloge de Mon-

tesquieu fût une nécessité au xviiie siècle, il n'en
était pas moins intéressant de connaître l'opinion
d'un homme qui voulait transformer la société,
après avoir étudié et admiré Montesquieu et Rousseau.

En 1775, Marat avait déjà publié une étude sur
l'homme (1) : la philosophie était une de ses grandes
passions, passion bien pardonnable à une époque où
l'on cherchait à améliorer le sort des hommes, et où
chacun croyait avoir découvert le meilleur moyen.

Le manuscrit autographe de l'Eloge de Montesquieu
n'étant point destiné à la publication, est devenu,
croyons-nous, la propriété de M. le baron Charles
de Montesquieu, auquel appartient aujourd'hui le
château de La Brède. Acheté sur les indications d'un
libraire, il a été joint à la belle bibliothèque du château. Pour des motifs qu'il ne nous est point permis
d'apprécier, nous n'avons pu en prendre connaissance.

Cependant des renseignements qui nous font
connaître l'importance du manuscrit, ont été publiés
par M. Chévremont dans un de ses ouvrages sur
Marat. Celui-ci est intitulé : MARAT. — *Index du
Bibliophile et de l'amateur de peintures, gra-*

---

(1) *De l'homme, ou des principes et des lois, de l'influence de l'âme sur le corps et du corps sur l'âme.* 2 vol.
in-8°.

vures, etc., par F. Chévremont, le bibliographe de Marat (1).

Dans cet ouvrage, curieux par la quantité des renseignements bibliographiques qui y sont contenus, on lit (2) : ELOGE DE MONTESQUIEU — *Manuscrit de près de 100 pages, daté du 19 mars 1785, adressé à une Académie qui avait mis ce sujet au concours ; il était accompagné d'une lettre d'envoi portant cette devise : Pour peindre un Alexandre, il faudroit un Apelles.*

Dans un autre de ses ouvrages (3), où il analyse l'Esprit politique de Marat, le bibliographe nous donne des renseignements plus détaillés : « *L'Eloge de Montesquieu, par Marat, est un manuscrit de 100 pages, tout entier écrit de la main de Marat. Il est daté du 19 mars 1785, et était accompagné d'une lettre portant cette devise :* POUR PEINDRE UN ALEXANDRE, IL FAUDROIT UN APELLES. *La lettre était fermée par un cachet de cire rouge, représentant une tête de Sapho.*

---

(1) Paris, chez l'auteur, 1876. M. Ch. en a fait don à la bibliothèque de Bordeaux.

(2) Page 33.

(3) JEAN-PAUL MARAT, *orné de son portrait.* — ESPRIT POLITIQUE, *accompagné de sa vie scientifique, politique et privée, par F. Chévremont, le bibliographe de Marat.* — Paris, chez l'auteur. 1880. 2 vol. in-8°. V. p. 102, note 1. —- Don de l'auteur à la Bibliothèque de Bordeaux

*Ce manuscrit était, il y a quelques années, la
propriété de la famille Marat, de Genève.* »

De ces renseignements sur le manuscrit autographe, il n'en est qu'un qui nous soit de quelque
utilité pour notre travail. En effet, ce manuscrit, daté
du 19 mars 1785, a été adressé à une Académie.
Mais quelle était l'Académie qui mit ce sujet au
concours ?

Il y a quelques années, M. R. Céleste, le complaisant sous-bibliothécaire de la Bibliothèque de
Bordeaux, était chargé de classer les manuscrits et
autres piéces qui étaient la propriété de l'ancienne
Académie de cette ville. Cette collection est com-
posée de tous les travaux qui y furent adressés ou
communiqués soit par ses membres, soit par ses cor-
respondants. Dans ces papiers se trouvent aussi les
différents sujets traités par ceux qui prirent part aux
concours ouverts par cette Académie.

En 1782, vingt-sept ans après la mort de Montesquieu, l'Académie songea à mettre au concours
l'éloge du plus illustre de ses membres. On peut se
rendre compte de l'admiration professée pour l'auteur
de l'*Esprit des Lois* par le nombre des concurrents
qui se présentèrent.

Au milieu de ces nombreux éloges, quel pouvait
être celui envoyé par Marat ?

M. Chévremont avait fait don à la Bibliothèque de

Bordeaux de ses travaux sur le célèbre Jacobin.
M. Céleste, en s'occupant du classement des livres
donnés ou achetés pour cette bibliothèque, parcourut
les livres envoyés par l'obligeant bibliographe de
Marat. Il y trouva l'indication de l'Éloge de Montesquieu, adressé *à une Académie*, en 1785. Il fit
alors des recherches parmi ceux que reçut l'ancienne
Académie de Bordeaux.

Au nombre de ceux-ci, il y avait un manuscrit
in-folio, sans nom d'auteur, sans date, d'une belle
écriture, et portant exactement la devise indiquée.
On y lit sur le premier feuillet (1) : *Eloge de
Charles de Secondat* : et une autre main a écrit
au-dessous : *Pour peindre un Alexandre, il faudroit un Apelles.*

M. de Lamontaigne, qui était alors secrétaire perpétuel de l'Académie de Bordeaux, y avait ajouté au
sommet du feuillet : « *N*° 5. — *Reçu de Paris le
28 mars 1785, lu, examiné et rejetté du concours
sur le rapport de M. Desèze, le 5 juin, pour les
raisons contenues au registre.* »

Etait-ce bien le manuscrit envoyé par Marat « à
une Académie » ? Il y avait certainement de très
grandes probabilités ; car, comment supposer deux

(1) Papiers de l'Académie, vol. 96. — Bibliothèque de Bordeaux.

manuscrits portant la même devise et n'étant pas du
même auteur ? Si nous rapprochons la date signalée
par M. Chévremont, *le 19 mars 1785*, et celle mise
sur le manuscrit par le secrétaire de l'Académie, *le
28 mars 1785*, évidemment la date de réception
étant si proche de la date d'envoi, il y a là encore de
quoi nous faire supposer de l'authenticité du manuscrit que nous publions.

Quoi qu'il en soit, M. Céleste conclut à l'authenticité, bien que ce ne fut point le manuscrit autographe. M. Brives-Cazes, vice-président du tribunal,
membre de l'Académie de Bordeaux et auteur de
plusieurs travaux estimés sur le Parlement de cette
ville, signala à l'Académie la découverte faite par le
vaillant sous-bibliothécaire « *dans les 102 volumes
des travaux de l'Académie qui se trouvent à la
Bibliothèque (1)* ».

Cette découverte produisit une certaine sensation
parmi les curieux. Quelques personnes hésitèrent à
croire que l'éloge ainsi découvert fût bien authenti-
que. C'est alors que la publication en fut proposée à
la *Société des Bibliophiles de Guyenne.*

Cette Société, déjà remarquable par les travaux
qu'elle a publiés, ne crut pas devoir s'en charger.

---

(1) V. le journal *la Gironde* du 17 février 1781. — Compte-
rendu des séances de l'Académie. 1880-81. Séance du 3 février.

Nous eûmes la bonne fortune de prendre connaissance de ce travail, remarquable par la vigueur des idées et les opinions émises sur Montesquieu. Encouragé par plusieurs personnes à faire cette publication, nous nous sommes mis à chercher les preuves nécessaires pour démontrer d'une façon irréfutable l'authenticité du manuscrit. Avant de faire connaître les motifs qui firent rejeter du concours ce travail, nous allons en donner les preuves convaincantes que nous avons pu trouver.

En comparant l'écriture de la devise placée sur le manuscrit, et les *fac simile* (1) de celle-ci, on peut remarquer de nombreuses ressemblances dans la formation des lettres. Mais il est difficile, avec si peu de mots, d'arriver à une certitude complète.

La preuve la plus absolue, nous la devons à l'obligeance de M. Chévremont. Nous avons déjà dit que, grâce à lui, nous avons pu avoir une copie de l'extrait publié par M. Ducasse. A peine l'avons-nous eue en notre possession, que nous nous sommes reporté, avec empressement, à notre manuscrit. Les cent et quelques lignes publiées étaient les mêmes, sans changer un mot, que les cent dernières lignes de l'*Eloge de Montesquieu* envoyé à l'Académie. C'est ainsi que, sûr de l'authenticité de l'œuvre de

(1) V. *Isographie des hommes célèbres.* 3 vol. 1823.

Marat, nous nous sommes décidé à la publier.
Marat avait donc réellement pris part au concours
ouvert, depuis 1782, par l'Académie de Bordeaux.
« *Marat* (1) *avait passé, paraît-il, deux ans à*
Bordeaux comme précepteur d'un des enfants
de M. Paul Nairac, député de Bordeaux à
l'Assemblée nationale, et l'un des grands ama-
teurs de notre ville ; ce qui explique à certains
égards la part prise par Marat au concours
proposé par l'Académie. »

Ce n'est point là la seule raison qui fit que Marat
prit part au concours : il en est une qui nous paraît
plus vraie ; on la trouve, comme nous l'avons vu,
dans l'admiration qu'il avait pour Montesquieu : il le
cite très souvent dans ses ouvrages. A l'âge de 29 ans,
il avait déjà publié des travaux de philosophie (2).
S'il eut connaissance du concours ouvert par l'Académie dont Montesquieu fut un des membres les
plus illustres, c'est grâce à la publicité qui lui fut
donnée. Marat était alors âgé de quarante et un ans.

De 1782 à 1785, l'Académie avait reçu de nombreux éloges, mais aucun n'avait mérité le prix. Le
28 mars 1785, elle avait donc reçu celui de Marat et
avait cru devoir le rejeter du concours sur le rapport

(1) Compte-rendu de l'Académie, *loc. cit.*
(2) V. Marat. — *De l'homme.* 1775, *loc. cit.*

de Desèze, qui était un de ses membres les plus distingués. Pour quel motif crut-elle devoir rejeter un discours qui contenait un éloge si pompeux en même temps qu'une analyse très intéressante des travaux de Montesquieu ? Malheureusement le rapport de Desèze est perdu. Qu'y aurait-il eu de plus curieux que ce document fait par un homme qui devait compter dans sa famille Raymond-Romain de Sèze, le courageux et éloquent défenseur du malheureux roi Louis XVI !

Cependant nous avons eu la curiosité de faire des recherches dans les registres contenant les procès-verbaux des séances de l'Académie. Bien que ceux-ci n'aient pas été régulièrement transcrits, nous avons pu prendre copie de cette séance du 8 mai, dans laquelle il fut une première fois question du travail de Marat. Nous en extrayons le passage suivant (1) :

SÉANCE DU DIMANCHE 8 MAI

Paragraphe IV. — M. Desèze a rendu compte à son tour, par écrit, de l'examen dont il avait été chargé, de l'Eloge de Montesquieu, ayant ce vers pour épigraphe : Pour peindre un Alexandre, il faudroit un Apelles.

(1) V. Registres de l'Académie des sciences, belles-lettres et arts de Bordeaux. 1785. f° 9.

L'idée peu favorable qu'il a donnée de cet
éloge a fait perdre encore cette fois à la com-
pagnie l'espérance de trouver un panégyriste
de Montesquieu, auquel elle put avoir la satis-
faction de donner le prix..... Cependant il a
été délibéré, M. Desèze n'ayant, dans ce mo-
ment, rien lu de l'ouvrage, qu'il en sera fait
lecture à la première assemblée.....

Séance ordinaire..... Présents : MM. de Lé-
glise, directeur, Soret, Dudon, Baurein, Lar-
roque, Lamothe, Chauvet, Dom Carrière,
Desèze, Duchesne, La Coudraye, Leydet, et
de Lamontaigne, secrétaire.

Le jugement de Desèze eût été très intéressant à
connaître. Il est fort regrettable que ce rapport soit
perdu. Cependant l'Académie, désireuse de trouver
quelqu'un digne de recevoir le prix, ne crut pas devoir s'en rapporter au simple avis d'un de ses membres. Ayant trouvé qu'une lecture de ce travail était
nécessaire, comme elle l'avait décidé, elle s'en occupa
dans la séance suivante.

SÉANCE DU DIMANCHE 5 JUIN

Paragraphe IV. — Enfin, il a été fait lec-
ture de l'Eloge de Montesquieu, rapporté le

même jour, 8 mai, par M. Desèze..... et, la compagnie n'y ayant trouvé, non plus que M. Desèze, qu'un ouvrage froid et languissant, manquant également de grâces dans le style, d'énergie dans les pensées et, dans son ensemble, de ces vues philosophiques auxquelles le sujet fournissait un si vaste champ et tant d'occasions de se développer, elle l'a aussi rejetté du concours.

Présents : MM. de Léglise, directeur, Dudon, Baurein, Larroque, Desbiey, Lamothe, Guérin, Latapie, Bonfin, Desèze, Duchesne, La Coudraye, Leydet, de Lamontaigne, secrétaire.

Il est difficile, dans la lecture d'un discours dont on n'est pas l'auteur, d'en donner une idée exacte. Il est des pensées qui perdent de leur force lorsqu'elles ne sont point exprimées par celui qui les émet. La façon de lire le travail d'autrui est souvent une des causes qui aident à le trouver mal fait. On peut chercher là une des raisons qui firent rejeter cet éloge du concours.

Il est encore d'autres motifs que nous croyons trouver dans un rapport fait par Desèze, le 27 juillet 1788, sur un éloge qui porte pour devise : *Ars vitæ philosophia est* (1). L'auteur de ce discours est

(1) Manuscrits de l'Académie, vol. 97, nᵒ 15.

inconnu. Dans ce rapport où l'on semble découvrir une opinion arrêtée, on lit :

« *Je ne sais si je me trompe, mais je crois que Montesquieu a trop de réputation pour être bien loué ; il est déjà jugé, apprécié par la nation, tous les secrets de son génie sont révélés. Quand on vient nous apprendre ses titres à l'immortalité, on nous trouve aux pieds de sa statue. Que dire donc à des lecteurs dont les pensées sont toujours en avant des vôtres, qui trouvent toujours dans le génie de l'homme que vous célébrés, quelque chose que vous n'y avés pas aperçu et qui, quand son éloge seroit complet, ne le croiroient pas encore fini.*

« *Montesquieu ne peut être loué que par de grands écrivains, et les grands écrivains se vouent rarement à la gloire des autres. Voilà pourquoi nous n'avons eu jusques-ici que de faibles discours, ouvrages d'écoliers ou de rhéteurs. C'est une pénible tâche que s'est imposée l'Académie, de juger toutes ces esquisses, elle s'en lassera, j'espère, quelque jour* ».

Pourquoi, s'il en est ainsi, avoir mis au concours un pareil sujet ? L'Académie n'était point tout à fait de l'avis de son rapporteur puisqu'elle le prorogea jusqu'en 1789. Au bout de sept ans elle ne trouva pas un sujet digne d'obtenir ce prix ; la Révolution vint,

et l'empêcha de faire connaître *le grand écrivain*
qui l'aurait mérité.

Desèze était cependant un des admirateurs de
Montesquieu. Il avait lu les œuvres de l'ancien président à mortier au Parlement de Bordeaux, et il ne
craignait point de s'en faire le défenseur. Il les citait
volontiers. C'est ainsi que nous lui voyons terminer
son rapport en parlant de l'étude de la politique,
d'après Montesquieu, par ces mots : « *Déjà tous
les esprits s'en occupent, et il est aisé de prévoir
que quand les citoyens seront quelque chose
dans la Monarchie, cette science fera de rapi-
des progrès. Encore une génération, et les
grandes vérités de l'*ESPRIT DES LOIS *auront produit tout leur fruit, peut-être même cette philosophie, née de l'amour des hommes, dont on
trouve tant de germes heureux dans cet immortel ouvrage, sera-t-elle devenue plus populaire,
car, si les droits de l'homme y sont exposés
avec force, ils ne le sont pas dans toute leur
étendue. Dans vingt ans, les écrivains auront à
louer Montesquieu du courage avec lequel ils
auront été plus loin que lui.* »

Cette appréciation est d'autant plus curieuse qu'elle
reflète les idées de l'époque. Elle nous fait connaître
l'influence des œuvres de Montesquieu, au moment
où s'opérait une transformation dans la société.

Enfin, quoi qu'il en soit, le rapport de Desèze ne nous semble pas avoir été l'œuvre d'une opinion faite pour rejeter un discours, mais une opinion établie depuis longtemps. Que peut-on reprocher à Marat dans son éloge de Montesquieu ? d'être languissant ? Est-ce parce qu'il analyse trop longuement les œuvres de celui dont il fait l'éloge ? Il répond lui-même à cette objection (1) : « *Je n'ignore point qu'en retranchant d'un éloge ces longues analyses, il ne gagne en énergie et rapidité : mais sans ces analyses comment faire connoître les ouvrages d'un auteur ?..... On doit même les regarder comme la vraie pierre de touche : combien d'ouvrages préconisés s'évanouissent à cette épreuve !* »

Nous n'avons point cependant l'intention de faire une analyse de l'œuvre de Marat ; c'est en le lisant qu'on peut l'apprécier ; quant à nous, nous restons de l'avis de M. Brives-Cazes (2) : « *Le rapprochement est curieux, et il est particulièrement intéressant de lire les appréciations de Marat sur l'*Esprit des Lois. »

Lorsque l'Académie, en 1782, eut mis au concours l'*Éloge de Montesquieu*, de nombreux admira-

---

(1) V. *Éloge de Montesquieu*, p. 46, n° 1.
(2) Compte-rendu de l'Académie, *loc. cit.*

teurs de l'*Esprit des Lois* y prirent part. Le concours resta ouvert jusqu'en 1789. Ce fut la Révolution qui y mit fin. Avec les idées de l'Académie de
Bordeaux, il eût été difficile de prévoir qui aurait eu
le prix. Cependant quelques-uns sont très curieux et
mériteraient certainement de sortir de leur obscurité,
s'il était possible d'en connaître les auteurs. Malheureusement, selon l'usage, comme le prix n'était point
décerné, le nom du candidat restait inconnu. Il n'en
est qu'un dont l'auteur puisse être cité : c'est l'abbé
Briquet de Lavaux, qui publia le sien.

Ces *Éloges de Montesquieu* se trouvent compris
dans deux volumes portant les numéros 96 et 97, sur
les 102 qui forment la collection des manuscrits de
l'Académie (1). Les formats en sont variés, et l'écriture n'en est pas toujours très belle. Cependant nous
donnerons la devise de chacun, dans l'ordre où il se
trouve placé. Nous espérons ainsi faciliter aux cher-
cheurs les moyens de connaître les auteurs de ces
discours. Peut-être quelque personnage, devenu plus
tard un homme remarquable, soit par sa science soit
par ses fonctions, figure-t-il parmi les inconnus ?
Dans tous les cas, ils sont ainsi classés (2) :

(1) Bibliothèque de Bordeaux.
(2) Les devises sont en italiques. Les numéros sont ceux
sous lesquels ils sont classés dans les volumes. La date d'envoi
suit la devise.

VOLUME 96

N⁰ 1. Il porte pour devise :
Ille est omnibus optimis, in sua cujusque laude prœstantior.

(1782)

N⁰ 2

Louer les grands hommes, c'est un devoir. (1782)
L'abbé Briquet de Lavaux, l'auteur de cet éloge, l'a
fait imprimer.

N⁰ 3

Son génie immortel aima l'humanité,
Lui montra ses devoirs, ses fers, la liberté.

(1783)

N⁰ 4

Te veniente die, Te fugiente canam... (1783)

N⁰ 5

Pour peindre un Alexandre, il faudroit un Apelles. (1785)
C'est l'éloge dont Marat est l'auteur, et que nous publions.

N⁰ 6

Les sages de la Grèce, et les héros de Rome,
Méritent de nous bien moins que Montesquieu ;
Dans l'univers entier, il s'intéresse à l'homme,
Qui partout opprimé, doit partout être heureux.

(1785)

N⁰ 7

Montesquieu parut, et l'horizon du génie fut agrandi.
(Raynal, *Hist. phil. et pol.*) (1787)

N⁰ 8.

N'a pas de devise.

(1788)

N⁰ 9

Ce n'est point aux esclaves à louer les grands hommes.

(1788)

VOLUME 97

N⁰ 1

Ses vertus ont fait honneur à la nature. (Chesterfield.
Papiers anglais, sur la mort de Montesquieu.) (1782)

N⁰ 2

Pour louer un Auguste, il faut être un Virgile. (1783)

N⁰ 3

Homo cadit, opera manent. (1783)

N⁰ 5

*Dans les livres de raisonnement, on ne tient rien, si on ne
tient toute la chaîne.* (Défense de l'*Esprit des lois.*)
(1785)

N⁰ 6

Videbit et irascetur, dentibus fremet et tabescit. (1785)

N⁰ 7

Prolem ex matre creatam. (1785)

N° 9

In magnis voluisse sat est. (1786)

N° 10

Speruit humum, et udam fugiente pennâ. (Horace.) (1787)

N° 11

Pour louer un grand homme, il faut l'être soi-même.
(1788)

N° 13

Ars vitæ, philosophia est. (Cicér. Quœst acad.) (1788)

N° 17

*Si la louange s'attache à la renommée des Rois, la vérité
est faite pour célébrer les grands hommes.* (1789)

Il y eut donc ainsi vingt discours envoyés à l'Académie, et aucun ne mérita le prix. Si nous n'ajoutons
pas à ceux-ci une bibliographie des *Éloges de Montesquieu*, c'est que M. L. Vian a déjà publié, dans
son *Histoire de Montesquieu*, tout ce qui a pu être
écrit sur cet homme illustre. Il nous a paru inutile de
rééditer ce travail.

En terminant, nous tenons à remercier tous ceux
qui nous encourageront dans nos débuts. Nous re-
mercions surtout le complaisant bibliographe de
Marat, M. F. Chévremont, qui nous a donné de si

curieux renseignements, ainsi que M. A. Raymond Céleste, l'aimable sous-bibliothécaire de la ville de Bordeaux, et M. Roborel de Climens, le bienveillant président de la Société des Bibliophiles de Guienne.

Lamothe-Landerron, 1882.

ÉLOGE DE MONTESQUIEU

ÉLOGE

DE

MONTESQUIEU

La place marquée à Montesquieu dans les fastes de la renommée, l'est irrévocablement. Il n'eut de détracteurs que ceux que fait l'envie ou la superstition; mais il eut pour admirateurs tous ceux que font les vertus éminentes, les talens sublimes.

La génération passée et la génération présente l'ont mis, de concert, au nombre des grands hommes, des génies du premier ordre, des bienfaiteurs de l'humanité, et il ne reste à la postérité que l'honneur de ratifier cet arrêt.

L'éloge que vous lui décernés, Messieurs, doit être un monument consacré à sa gloire. Dans ces lieux, témoins tant de fois des grâces de son esprit, de la grandeur de son génie, de l'élévation de son âme, quelle voix assez éloquente pourra le louer dignement. Ah! s'il suffisoit de l'enthousiasme, de l'admiration! Mais il faut ces heureux dons de la nature, qu'elle n'accorde qu'à ses favoris; et je

me fais justice. N'osant aspirer au bonheur d'être l'inter-
prète avoué des sentimens de la patrie et des hommages
qu'elle rend aujourd'huy, par votre ministère, à la mémoire
de l'illustre *citoïen* qui l'honora le plus ; je vais me perdre
dans la foule, pour entrer dans le temple dont vous venés
d'oùvrir les portes ; et tandis que l'encens fumera à l'honneur de ce génie bienfaisant, recueilli dans un respectueux
silence, je traceroi quelques (1) lignes au pied de ses
autels.

Charles de Secondat, baron de Montesquieu, ancien
président à mortier au Parlement de Guyenne, de l'Académie des sciences et belles-lettres de Bordeaux, de l'Académie françoise, de l'Académie des sciences et belles-
lettres de Berlin, de la société royale de Londres, etc.,
naquit au château de La Brède (2), le 18 janvier 1689. Je
ne diray rien ici de la noblesse de sa famille, quelqu'eût
été l'illustration de ses ayeux, ce mérite étranger n'ajoute-
roit rien à l'éloge d'un sage qui fut tout par lui-même.

. Les présages de l'enfance, ordinairement si trompeurs,
ne le furent point dans Charles de Secondat ; il fit connoître de bonne heure ce qu'il seroit un jour.

Sa jeunesse fut consacrée à la jurisprudence, science
obscure et aride, où il sut porter le flambeau de la raison
et les vues de la philosophie : mais elle ne suffit pas longtemps à l'activité de son esprit. Bientôt il joignit à l'étude
des lois civiles et criminelles, l'étude du droit naturel et
du droit public.

Dans le choix de ses premières études, son goût n'avoit
pas été consulté ; heureusement elles se trouvèrent analo-
gues à ses talens, et docile à l'impulsion qu'il avoit reçue,
il continua longtemps à la suivre. Avant de s'élancer dans

---

(1) Si l'homme doit être loué par ses œuvres, pour faire l'éloge de Montesquieu, il faudroit des volumes.

(2) Baronnie à quatre lieues de Bordeaux.

la carrière qu'il a parcourue avec tant d'éclat, il semble même n'avoir jamais éprouvé cette effervescence, d'un génie naissant, livré à lui-même, qui s'enflamme à la vue des brillans succès, parcourt d'un regard curieux les divers chefs-d'œuvre consacrés par l'admiration, cherche avec inquiétude un genre où des esprits supérieurs ne se soient pas encore exercés, s'essaye dans plusieurs et s'agite sans cesse, jusqu'à ce qu'il ait trouvé son objet. Mais ce qu'on prendroit en lui pour une suite des premières impressions, étoit le fruit d'un discernement précoce.

Des différens objets que la nature offre à l'examen du sage, il n'en vit point de plus grand, de plus noble, de plus intéressant que l'homme ; peu content de ce qu'en avoient dit la plupart de ceux qui l'avoient précédé, il entreprit de remanier ce beau sujet, et il sut l'approfondir en maître. Jamais plan ne fut plus vaste que le sien. D'abord il examine l'homme abstraitement, puis sous chacun de ses différens rapports; et après l'avoir envisagé un instant dans l'état de la nature, il ne le considère plus que dans l'état de société.

C'est principalement sur le grand théâtre du monde politique qu'il s'attache à le suivre. Avec quel soin il l'observe dans les différens rôles qu'il y joue, et avec quelle adresse il lui arrache son masque, pour le montrer à découvert dans ces terribles scènes où figurent l'ambition, l'astuce, la fourbe, l'imposture et la force. Mais ce n'est point assez à ses yeux d'éclairer les hommes, il veut encore défendre leurs droits, et assurer leur bonheur sous l'Empire sacré des loix.

Livré à la méditation dans le silence du cabinet, à peine touchoit-il à son cinquième lustre que déjà il dévoiloit les ressorts cachés du cœur humain, et jettoit les fondemens des ouvrages qui l'ont rendu immortel.

Dès l'âge de vingt-cinq ans, conseiller au Parlement de

Bordeaux, à l'âge de vingt-sept ans, il en devint président à mortier. Peu de temps après, chargé par sa compagnie de présenter des remontrances au sujet d'un nouvel impôt, il remplit avec zèle le noble emploi de porter au pied du trône les plaintes des malheureux ; leur cause fut plaidée avec autant d'énergie que de sagesse, et ils obtinrent le soulagement qu'on leur devoit :

Soulagement trop passager sans doute, et dont le seul avantage fut d'avoir fait connoître l'habileté du vertueux magistrat qui l'avoit sollicité.

L'Académie de Bordeaux venoit de se former, Montesquieu y fut reçu le 3 avril 1716.

Le désir de cultiver les talens agréables, en avoit réuni les membres : mais les ouvrages de goût ne souffrant point de médiocrité, il sentit combien on avoit de peine à rassembler un assez grand nombre de plumes capables d'illustrer cette société naissante. Persuadé d'ailleurs qu'une expérience bien faite est préférable à un poëme médiocre, à un faible discours, il crut que les talens de ses confrères s'exerceroient avec plus de fruit sur des objets de physique et d'histoire naturelle que sur des objets de poésie et de littérature : des vües aussi sages furent secondées, et Bordeaux eut une Académie de sciences.

Cependant Montesquieu cultivoit en silence les muses. Il auroit pu plutôt jouir de sa gloire ; mais il attendoit un âge mûr, avant de s'exposer à la critique.

Ce ne fut qu'à trente-deux ans qu'il mit au jour les *Lettres persanes*, espèce de roman philosophique où la peinture des mœurs orientales sert de cadre à une satyre très fine des mœurs européennes. A côté de ces morceaux légers où l'esprit se joue, on est surpris de trouver des morceaux d'une philosophie profonde, et des discussions importantes sur différens points d'histoire, de morale, de politique, amenées avec art pour varier la scène.

La trame de ce roman est aussi simple que bien ourdie. Deux Persans sous les noms de Rica et d'Usbec, voyagent en Europe pour s'instruire; et durant leur long séjour en France, ils entretiennent une correspondance soutenue; l'un avec quelques amis, quelques Dervis, les principales femmes et les premiers eunuques de son sérail; l'autre avec quelques amis et quelques Dervis seulement. Le choix des personnages est relatif aux matières que l'auteur avoit à traiter; et à l'aide de ce simple rapport ils se trouvent tous placés dans une chaîne qui les lie.

Des nouvelles qu'ils se donnent, et de l'épanchement de leurs cœurs dans ce commerce intime de l'amitié, de la nécessité ou du devoir, résulte un tableau enchanteur aussi amusant qu'instructif.

On y voit la diverse destinée des sexes en Orient, l'empire tyrannique de l'un, la cruelle servitude de l'autre. On y voit ces tristes demeures où gémissent les beautés captives destinées aux fantaisies d'un maître superbe; ces lieux où la méchanceté et l'artifice règnent dans le silence et se couvrent d'une épaisse nuit.

On y voit ces malheureuses victimes d'une froide jalousie prodiguant leurs soins empressés pour réveiller un amour languissant, toujours prévenu, et bientôt détruit par lui-même. Les tourmens qu'elles endurent à leur tour par l'ardeur d'une passion si souvent enflammée, si rarement satisfaite; les sombres accès de l'envie qui dévore les rivales; l'affreux désespoir des misérables gardiens de la chasteté sans cesse irrité par le sentiment même de leur impuissance; le choc violent de tant d'intérêts divers, de tant de passions opposées; tout y est peint avec énergie. De ce choc devoit nécessairement naître le désordre. Il éclatte dès que nos Persans ont quitté le sérail; bientôt il s'accroît, chaque jour il augmente, enfin il est à son comble. Pour rétablir la règle, des ordres sanguinaires arri-

vent, les grilles sont multipliées, les châtimens sont
redoublés, le sang coule de toute part. Que d'infortunés pour faire un heureux! A la vue de tant de victimes lâchement sacrifiées, la raison se révolte et le lecteur indigné du différent partage des humains, maudit en
frémissant les caprices de la fortune et les arrêts du sort.

Icy finit la partie purement fictive de l'ouvrage, ou
plutôt sa partie accessoire; venons à sa partie principale.

Des voyageurs, transplantés tout à coup dans un monde
nouveau, doivent être étonnés de tout ce qu'ils voyent :
mais le même objet prenant à leurs yeux un air plus ou
moins singulier, plus ou moins bizarre, suivant la différence
de leurs caractères, il falloit peindre en traits différens
la singularité de leurs pensées, à la vue des objets qui
se présentent à eux. C'est ce que l'auteur a fait avec art;
car quoique Rica et Usbec soient tous deux hommes du
monde, et qu'ils aient tous deux beaucoup de jugement,
l'un est plus gai, l'autre est plus réfléchi. Aussi le genre de
leurs observations porte-t-il l'empreinte de leurs caractères; l'un examine particulièrement les choses d'amuse-
ment, l'autre examine particulièrement les choses d'utilité. Cette différence se retrouve dans leurs réflexions d'un
bel esprit, celles du dernier sont les réflexions d'un phylosophe aimable.

Mais peu à peu les objets prennent à leurs yeux une
teinte moins étrange; et l'art de l'auteur à faire voir l'alté-
ration de leurs idées, dans les progrès de leurs nouvelles
connoissances, n'est pas moins exquis.

Enfin, comme ils passent leur vie à observer, au bout
d'un certain temps ils se trouvent assez instruits pour
remarquer des choses qui échappent même à beaucoup de
nationaux. Ainsi, après les avoir représentés, à leur arri-
vée, remplis de préjugés, il les plie peu à peu à nos manières, à nos usages. Chaque jour ils perdent une teinte du

caractère asiatique, et ils finissent par faire oublier leur pays. Mais c'est de leur première réflexion, sur nos usages, nos modes, nos opinions, nos mœurs, que l'auteur a fait sortir cette fine critique, où il se montre aussi grand observateur que peintre admirable. Du soin qu'il a toujours d'en assortir les traits (1) au caractère de ses personnages; celle de Rica devient une ironie très délicate de nos ridicules; celle d'Usbec, une satyre très fine de nos déffauts.

Sous ce double voile, de quelle manière piquante il relève le bruyant de nos conversations frivoles; notre habitude de traiter sérieusement les choses les plus futiles, et de plaisanter sur les plus graves; le ton de suffisance de nos agréables, leur air d'entendre finesse à tout, leur travail à faire de l'esprit, leur talent de parler sans rien dire! De quelle manière enchanteresse, il peint nos travers, notre vie sans cesse agitée pour des riens, ou consumée par des occupations puériles; notre ennui, au sein même des amusemens, le désœuvrement de nos gens de conditions, et leur étude à cacher leur oisiveté sous un goût feint pour les plaisirs; notre amour des nouveautés, la bizarrerie de nos goûts, les révolutions perpétuelles de nos modes; la coquetterie de nos femmes du bel air; l'intrigue de nos femmes de cour; la dépravation de nos hommes à bonne fortune; le ton tranchant de nos gens de lettres, leur fureur de juger sans connoître, et d'écrire sans penser; nos disputes littéraires si violentes et si vaines; la flexibilité de nos âmes sans caractère; l'éternelle contradiction entre nos préjugés et nos lumières, nos sentimens et nos actions; notre libertinage d'esprit dans la santé et notre pusillanimité dans les maladies; notre amour pour la gloire, et notre vénération pour la faveur; notre soif des

_____

(1) Elles fournissent quelquefois des traits, que certains lecteurs ont trouvés trop hardis.

distinctions qui flattent la vanité, et dont le gouvernement a trouvé le secret de se faire une ressource ; notre servile imitation des grands ; la subtilité de nos chevaliers d'industrie ; l'orgueilleuse bassesse de nos courtisans, et la vie trop peu édifiante de la plupart de nos prélats.

La scène change en un instant, sans que nos voyageurs aient eux-mêmes changé de lieu ; et au moyen d'une simple relation que l'auteur fait adroitement tomber dans leurs mains, elle est transportée en Espagne et en Portugal. Après s'être égayé sur le flegme affecté et la morgue ridicule des habitans de ces belles contrées ; il s'égaye sur leur ignorance crasse, et leur prétention à passer pour savans, sur leur mépris pour le travail, leur orgueilleuse fainéantise, et leurs pitoyables passetems ; puis il peint leur misère au sein même des richesses, et leur nullité en dépit des brillantes dispositions d'un heureux naturel.

Dans ces lettres où nos Persans suspendent les traits de leur critique, on retrouve encore l'empreinte de leurs caractères.

Quel enjouement dans celles où Rica parcourant une de nos bibliothèques publiques, peint, avec tant de justesse, chaque genre de sciences, chaque genre de littérature ! Quelle gaieté dans ce conte oriental, sur les plaisirs de l'autre vie, où il venge le sexe des prétentions injurieuses des hommes, et des soins qu'ils ont pris pour le dégrader !

Mais quel chef-d'œuvre de raison dans celle où Usbec ramène les principes du droit public aux principes du droit naturel ! Quelle douce éloquence dans celle où il peint la dépravation des mœurs et la dégradation des âmes, qu'amène l'exemple d'un ministre sans probité, violant la foi publique ! Quelles vues profondes dans celle où il déduit les causes du dépeuplement actuel de la terre !

Enfin quel fond de philosophie, dans celles où, sous

l'apologue des Troglodites (1), il établit, même sans paroître y songer, les grandes vérités qui font la base de notre frêle bonheur dans ce monde ; vérités méconnues par les ignorans, et oubliées par les philosophes de nos jours.

Quittons nos Persans, et ne voyons plus que l'auteur. Quelque importantes que soient les matières qu'il traite, toujours maître de son sujet, il n'abandonne point sa plume au feu de la composition : jamais il ne perd son plan de vue ; du badin il passe au sérieux, du sérieux il repasse au badin ; et tel est l'art avec lequel il mêle l'enjouement d'un censeur aimable aux leçons d'un phiîosophe austère, qu'il laisse à peine deviner s'il a plutôt dessein d'amuser que d'instruire ses lecteurs.

Je voudrois parler ici de sa touche originale ; mais pour en rendre la légèreté, la délicatesse, la fraîcheur, l'énergie, il faudroit avoir ses pinceaux.

Je ne pousserai pas plus loin l'examen des *Lettres persanes*. Ce coup d'essay, ou plutôt ce monument éternel d'une philosophie douce, gaie, sublime, annonçoit dans l'auteur un génie rare, également accoutumé à observer et à méditer, profond dans la connoissance du cœur humain, profond dans la connoissance des droits de la nature, profond dans la connoissance des institutions sociales, habile à démêler les ressorts les plus cachés de la politique, fait pour porter le flambeau de la justice dans le dédale des loix, adorant la vérité, et ne craignant jamais de lui rendre hommage ; mais sachant cacher les leçons arides de la froide raison sous les fictions enchanteresses d'une imagination brillante.

Parmy tant de beautés, et de beautés si séduisantes, s'il étoit permis d'apercevoir quelques légers déffauts, je dirois

(1) On prétend que du côté de Mescher (Charente-Inférieure) il existait des Troglodites qui vivaient dans les rochers qui bordent la Gironde à cet endroit. Est-ce là ce qui a donné à Montesquieu l'idée de cet apologue ?

qu'il y a trop de noblesse dans le style des personnages subalternes du roman.

Les lettres de Phara, de Narsit, de Solim, etc., sont écrites avec le même goût que celles d'Usbec ; et il eût été facile d'assortir le ton de ces personnages à l'humilité de leur condition.

Peut-être relèvera-t-on encore quelques mots (1) peu en usage, échappés à la plume de l'auteur. Mais avoir réduit la critique à de pareils reproches, n'est-ce pas l'avoir forcé de reconnoître que l'ouvrage est parfait ? Oui, Messieurs, quelques taches presqu'imperceptibles n'ôtent rien à l'éclat du soleil.

Les *Lettres persanes* avoient été données anonimes, et quoique leurs succès prodigieux fût bien fait pour flatter l'amour propre, Montesquieu ne les avoua pas d'abord ouvertement : il paraissoit craindre qu'on ne fît contraster la gaieté de l'écrivain avec la gravité du magistrat. Peut-être aussi espéroit-il par là échapper plus aisément à la malignité des Zoïles, dont les traits portent plus volontiers sur l'auteur que sur l'ouvrage. Quoi qu'il en soit, l'événement ne tarda pas à justifier ses appréhensions. A peine son secret eut-il percé, qu'on lui fit un crime de la liberté avec laquelle Usbec s'exprime sur certaines matières, qu'on affectoit de confondre avec le christianisme ; et bientôt il vit l'ignorance, la superstition et l'envie, décorées du beau nom de *Zèle*, se soulever contre lui.

Montesquieu s'étant présenté pour une place à l'Académie françoise, le Ministre dont de lâches envieux avoient alarmé la religion, écrivit à cette compagnie : « Que Sa Majesté ne donneroit jamais son agrément à l'auteur des *Lettres Persanes*, qu'il n'avoit point lu ce livre; mais que des personnes en qui il avoit confiance lui en avoient fait

(1) Caravanceras, s'entrepécher, décisionnaire, sont les seuls exemples.

connoître le dangereux poison. » Montesquieu n'attachoit
pas assez de prix aux honneurs académiques, pour souffrir
de leur privation; mais une pareille exclusion lui paroissoit injurieuse : et quand l'imputation qui la motivoit
n'auroit pas porté atteinte à sa tranquillité, elle blessoit sa
délicatesse; c'en étoit assez. Il vit le Ministre, et lui
déclara : « Que quoi qu'il ait des raisons particulières de ne
point avouer les *Lettres Persanes*, il étoit encore plus
éloigné de désavouer un ouvrage, dont il ne croyoit pas
avoir à rougir. » L'auteur auroit du être jugé d'après la
lecture de son livre et non d'après une déclaration; il en
fit la remarque, et il déclara : « Qu'après l'outrage qu'on
vouloit lui faire, il iroit chercher dans l'étranger le repos
et la considération qu'il auroit dû trouver dans sa patrie.»
Le Ministre lut le livre, il en fut enchanté, et il y apprit à
mieux placer sa confiance; l'Académie françoise acquit un
membre illustre, et la France conserva un grand homme
que la calomnie alloit lui enlever. Perte cruelle ! que la
Nation eût toujours déplorée, sans pouvoir néanmoins en
éviter la honte.

Montesquieu prit place à l'Académie le 24 janvier
1728. Jusqu'à lui, les récipiendaires n'avoient encore osé
s'affranchir des formules d'usage, auxquelles ils étoient
asservis. Qui mieux que lui auroit pu leur donner l'exemple ? Mais il préféra lutter contre la difficulté du sujet, et
il sut la vaincre. Son discours brille de mille traits qui caractérisent l'auteur philosophe : au seul portrait de Riche-
lieu, on reconnoît le politique accoutumé à juger les
nations.

Le *Temple de Gnide* suivit d'assez près les *Lettres
Persanes*. Nouveau roman dont l'amour fait le sujet;
mais l'amour naïf et tendre tel qu'il se fait sentir à des
cœurs que le monde n'a point corrompu. Quoiqu'on y
trouve toute la délicatesse de sentiment, tout le feu de la

passion, un tableau aussi étrange à nos mœurs pouvoit paroître manquer d'intérêt. Aussi l'auteur a-t-il eu soin de l'animer par un style poëtique, et de l'égayer par les descriptions riantes des lieux enchantés où il promène le lecteur.

Certains censeurs ont peine à concevoir qu'un penseur aussi profond ait ambitionné la gloire de ce genre : comme s'il n'étoit pas permis au génie de s'occuper à un ouvrage de pur agrément, et comme si la vie n'étoit pas assez remplie de peines, pour faire un crime à la sagesse de charmer quelquefois nos ennuis.

Ne pouvant se résoudre à prendre le *Temple de Gnide* pour une production de l'âge mûr, ils veulent que cette charmante fiction soit un ouvrage de pure galanterie, où l'auteur, jeune encore, adresse ses vœux à quelque objet digne de les recevoir, et lui présente, sous le nom de Themire, l'encens le plus délicat. Il est vrai qu'il semble avoir répandu sur cet opuscule la fleur naissante de son imagination; mais ne levons point le voile que la main du maître y a jetté; et au lieu de l'homme sensible et charmant qui soupire sa tendresse, n'y voyons que le philosophe aimable qui essaye d'épurer l'amour, si tant est que l'image d'un sentiment honnête conserve encore quelque empire sur des cœurs corrompus ou trop faibles pour résister au torrent de la corruption.

Le *Temple de Gnide* forme un tableau fidèle du cœur humain, différemment agité par l'amour. L'amour y est représenté sous toutes ses faces, et c'est aux cœurs tendres seuls qu'il promet le bonheur. Bonheur suprême ! s'il étoit sans mélange et s'il pouvoit durer toujours. Mais trop souvent la crainte, les soupirs et les larmes le précèdent. Et si le tendre désir, le doux épanchement des âmes, les transports de la joye et les douceurs de la volupté en forment le charmant cortège, trop souvent en-

core il entraîne à sa suite la jalousie, le soupçon, les chagrins et la fureur. Heureusement ces alarmes sont de courte
durée ; et comme elles naissent de l'absence de l'objet
adoré, sa présence les dissipe toujours. Tel est le plan de
l'ouvrage ; mais il faut le voir embelli des charmes de la
fiction.

Vénus ayant fixé sa demeure parmi les habitans de
Gnide, Vulcain lui élève un palais dans un séjour délicieux. Son temple est placé sur une colline que couronne
une antique forêt, et ce temple est armé de tout ce que la
nature a de plus riant, de tout ce que l'art a de plus enchanteur. Près de là est une vaste prairie, et le bois de
mirthes, qui l'égaye, sert de théâtre aux jeux innocens
des bergers et des bergères, mêlés aux nymphes de la
déesse. Charmée de la magnificence de son temple, Vénus
elle-même (à la fois prêtresse et divinité) y établit son
culte ; elle veut que l'amour n'y soit point profané, comme
sur le reste de la terre. L'entrée n'en est permise qu'à
ceux qui ont donné leur cœur. Les amans y adressent leurs
vœux à leurs maîtresses : sur les autels de la fidélité et de
la constance, ils offrent des soupirs en sacrifice, l'amour
les recueille et a soin d'exaucer leurs vœux, car au plaisir
d'aimer il joint le bonheur de plaire.

De ce temple superbe, Vénus va rendre ses oracles dans
un antre sacré ; elle y écoute les mortels sans se jouer de
leurs espérances ni de leurs craintes ; mais elle s'y montre
terrible à ceux qui osent profaner son culte. Une coquette
se présente avec fierté, la déesse la repousse et la con-
damne à voir flétrir ses charmes, à être délaissée et à
mourir dans le mépris. Une courtisanne se présente
ensuite, elle est repoussée avec plus d'indignation encore.
Arrive un riche publicain, il est repoussé à son tour avec
menace de voir ses trésors ne servir qu'à le dégoûter de
tout ce qu'il y a de plus charmant dans la nature. Vien-

nent de vrais amans, et c'est à eux que la déesse se montre favorable.

On célèbre annuellement à Gnide des jeux sacrés, où des femmes de tout rang et de tout pays viennent disputer le prix de la beauté, ce présent de la nature dont les différens caractères sont partagés entre toutes les nations. On en voit la peinture dans la description de ces jeux. Celui qui l'a fait c'est l'amant de Thémire. Tandis que sa maîtresse est occupée avec ses compagnes au culte de la déesse, il rencontre son ami Aristée, et à leur abord on sent, par l'effusion de leurs âmes, que l'amitié est le seul sentiment digne de disputer à l'amour le partage d'un cœur généreux. En s'entretenant de leurs amours, de leur bonheur, ils s'égarent, et après avoir longtemps erré dans la prairie; ils sont conduits par un chemin de fleurs à un antre obscur, au pied d'un rocher affreux : c'est l'antre de la Jalousie. Une main invisible les y entraîne. A mesure qu'ils s'y enfoncent leur cœur s'agite et cherche à s'agiter encore. Bientôt la sombre divinité de cet affreux séjour s'offre à leurs yeux. Autour d'elle volent les ennuis; la pâleur, la tristesse et le silence l'accompagnent; elle souffle sur les deux amis, à l'instant ils ne voyent plus que des monstres. S'enfonçant davantage dans l'antre, ils aperçoivent une affreuse divinité à la lueur des langues enflammées des serpens qui sifflent sur sa tête : c'est la Fureur. Elle détache un de ses serpens qu'elle jette sur eux; il se glisse dans leurs cœurs, et bientôt ils füyent sous le foüet des furies qui les agitent. Enfin ils sont rendus à la lumière. Elle leur paroît importune; ils tombent de fatigue. A peine le sommeil commence-t-il à verser sur eux ses doux pavots, qu'ils sont agités par des visions terribles. Ils se lèvent, et dans un accès de fureur se mettent à courir les champs. De loin ils aperçoivent un temple dédié à Bacchus, ils y courent; aussitôt le calme

succède à leurs transports ; puis ils se mêlent aux danses
des Bacchantes pour célébrer la puissance de Dieu qui
égare si doucement la raison, mais qui peut seul la rendre
lorsque quelqu'autre divinité l'a ôtée. En s'éloignant des
lieux consacrés à Bacchus, ils sentent que leurs maux
n'ont été que suspendus, et la sombre tristesse, le soupçon,
l'inquiétude, prennent la place de la fureur. Cependant
ils approchent de l'antre sacré où la déesse rend ses
oracles, ils y entrent avec la foule, ils retrouvent leurs
maîtresses. D'un regard elles leur rendent le calme, et
par d'innocentes caresses elles leur rendent le bonheur.

Pour former un vrai poëme, il ne manque au *Temple
de Gnide* que d'être écrit en vers ; c'est assez dire que
l'auteur réunissoit les principaux talens qui font le vrai
poëte : richesse d'imagination et expression de sentiment.
Parle-t-il du palais et du temple de la déesse? Quelle
magnificence dans ses descriptions ! Parle-t-il des fêtes et
des jeux des amans ? Quelle variété dans ses tableaux !
Parle-t-il de leurs sentimens ? Quelle naïveté, quel aimable
abandon dans son style ! Non, jamais on ne rendit mieux
la beauté et le langage de la nature. Tout dans cet ouvrage
charmant porte l'empreinte du génie de son auteur.

Quelquefois on y trouve le sel de la satyre : le tableau
des débordemens de Sybaris est la peinture trop fidèle de
nos mœurs. La philosophie s'y glisse à chaque ligne dans
les pensées, et toujours sous ces charmantes fictions on
découvre l'âme d'un sage.

Ce n'est là, Messieurs, qu'une esquisse grossière du
Temple de Gnide. On peut en dessiner la symétrie et en
décrire les richesses, non les beautés, moins encore les
grâces (1) piquantes : des grâces si légères, si délicates, si
naïves se font bien sentir, mais elles ne se décrivent point.

(1) On ne cesse de répéter que le goût ne se forme que dans la capitale
quand la multitude des productions fastidieuses en tous genres, que chaque

Ainsi, après avoir été dans les *Lettres Persanes* émule de Théophraste et de Lucien, il le fut de Lucien et d'Anacréon dans le *Temple de Gnide*.

Ce nouvel ouvrage, fait pour plaire également aux deux sexes, enchanta tous les lecteurs, jusqu'aux plus austères philosophes. Ne pouvant étendre la réputation de son auteur, dont le nom voloit déjà en tous lieux sur les ailes de la Renommée, il ne fit qu'en relever l'éclat. Montesquieu forme alors le projet de se livrer entièrement à l'étude.

Le désir de moissonner de nouveaux lauriers et de mettre le comble à sa gloire auroit pu l'engager à suivre la pente de son génie; un plus noble motif avoit déterminé sa grande âme. Quelque importantes que fussent à ses yeux les fonctions de sa charge pour le maintien de l'ordre public, il voyoit des objets plus dignes d'exercer ses talens.

Persuadé qu'il serviroit mieux la patrie en l'éclairant par ses écrits, qu'en terminant les contestations obscures de quelques particuliers, il cessa d'être magistrat, pour ne plus être qu'homme de lettres. Résolution bien digne d'un sage qui ne vit rien de proportionné à son zèle pour le bonheur de l'humanité, qu'un travail consacré à l'instruction publique.

jour y voit éclore, et dont plusieurs font fortune, même à la Cour, ne montreroit pas le ridicule de ce préjugé ; l'exemple de Montesquieu suffiroit pour prouver qu'avec du génie, du loisir et l'étude des grands modèles, le goût peut se perfectionner partout.

La délicatesse du goût qui devient d'un usage continuel des superfluités d'une grande fortune, de la vanité et surtout de la lassitude des plaisirs, de la multiplicité et de la confusion même des fantaisies, est bien différente de celle qui vient d'un bon discernement. La première admet tout ce qui paroît agréable, tout ce qui est neuf, tout ce qui pique un peu un esprit fatigué. La dernière ne veut que le choix de la belle nature.

Au reste, s'il est étonnant qu'un écrivain, aussi rempli de goût que l'étoit Montesquieu, se soit formé loin de la capitale, il est plus étonnant encore qu'un penseur tel que lui se soit formé en France.

Montesquieu ne restreignit pas à sa nation le bien qu'il vouloit aux hommes, il l'étendit à tous les peuples. Il falloit commencer par les mieux connoître, il entreprit de voyager ; et comme Solon il renonça aux douceurs d'une vie tranquille pour aller chercher laborieusement la sagesse. N'oubliant rien pour s'instruire, partout il examina le physique et le moral ; partout il étudia les mœurs, le gouvernement et les lois ; partout il observa l'industrie et le commerce ; partout il visita les savans distingués, les artistes célèbres, et surtout ces génies transcendans, dont un simple entretien supplée quelquefois à de pénibles recherches, à de longues observations.

Ce fut en 1729 qu'il quitta la France pour parcourir l'Europe. Il se rendit d'abord à Vienne, où il vit souvent le prince Eugène ; ce héros philosophe, qui après avoir humilié l'orgueil du croissant, vivoit sans faste, et cultivoit les lettres au milieu d'une cour où elles étoient peu estimées.

De Vienne, Montesquieu passa en Hongrie, beau pays qu'habite une nation fière et généreuse, dont il examina particulièrement les mœurs.

Il parcourut ensuite l'Italie. Venise, cette ville sans égale, qui semble sortir de dessous les eaux, le frappa d'admiration. Il y fit quelque séjour, pour étudier la sombre politique du gouvernement. Parmi les personnes de marque, qu'il eût occasion d'y voir, étoient le fameux Law à qui il ne restoit de sa grandeur passée qu'un diamant qu'il engageoit quelquefois pour jouer aux jeux du hazard ; et le célèbre comte de Bonneval, qui lui fit le récit singulier de ses aventures, le détail des actions militaires où il s'étoit trouvé et le portrait des ministres qu'il avoit connus.

Après Florence et Mantoüe, il vit Livourne, autrefois village marécageux, dont le génie des ducs de Toscane a fait une ville florissante.

A Rome, il visita les ruines des monumens antiques, tristes et précieux restes de la magnificence d'un peuple dont il connaissoit si bien l'histoire. Il examina aussi les chefs-d'œuvre du ciseau de Praxitèle, de Phidias; et les chefs-d'œuvre du pinceau de Michel-Ange, de Voletère, de Raphaël, etc. Quoiqu'il n'eût pas fait une étude particulière des beaux-arts, il en jugeoit en homme de génie accoutumé à observer la nature. Quant aux beautés de la composition (1) dont les principales sont communes à la poésie, personne n'en sentoit mieux le sublime.

Il parcourut enfin les côteaux fortunés et les plaines fertiles de la Calabre; pays délicieux, où la nature étale sa pompe et ses richesses; où le peuple ne respire que la joye, et jouit surtout de son oisiveté.

N'ayant plus rien à voir en Italie, Montesquieu alla en Suisse, séjour des mœurs simples, du bon sens et du bonheur.

Ensuite il visita les Provinces-Unies, monument merveilleux de l'industrie humaine, animée par la nécessité et l'amour de l'or.

Enfin il se rendit en Angleterre, asile chéri de la liberté, où il se fixa deux années consécutives. Il s'y lia étroitement avec des hommes accoutumés à méditer, et c'est surtout dans leur commerce qu'il puisa la profonde connoissance qu'il avoit du gouvernement de cette isle fameuse.

Comme il examinoit tout de l'œil du sage, il ne rapporta de ses voyages, ni prévention pour les étrangers, ni dédain pour ses compatriotes. Il résultoit de ses observations, que l'Allemagne est faite pour y voyager, l'Italie pour y séjourner, l'Angleterre pour y penser, et la France pour y vivre !

---

(1) On peut voir là-dessus différens articles de son *Essai sur le goût.*

Peu après son retour dans sa patrie, Montesquieu se retira au château de La Brède, où il jouit quelques années de ce précieux recueillement, dont le tourbillon du monde sert à mieux faire goûter la douceur ; et dans ce recueillement profond, il composa ses *Considérations sur les causes de la grandeur des Romains et de leur décadence ;* ouvrage (1) où il a déployé toute la sublimité de son génie.

Ce n'est pas aux yeux des sages qu'un aveugle destin gouverne le monde. Les Empires, comme leurs habitans, croissent, dépérissent et s'éteignent. Ces vicissitudes ont toujours des causes dont l'enchaînement ne sauroit échapper à l'œil d'un vrai observateur, à portée d'en examiner le jeu. Mais lorsque les nations n'existent plus que dans l'histoire, comment démêler l'influence de ces causes, comment saisir ces causes elles-mêmes ? Fortuites ou obscures, la plupart ont échappé aux contemporains, et la nuit des tems les dérobe à la postérité. A l'égard des peuples dont la politique offroit un système suivi, et qui ont joué un grand rôle dans le monde, rarement les causes qui les ont élevés, maintenus ou précipités manquent à leur histoire. Mais elles sont éparses dans une multitude de volumes, où l'on est réduit à les chercher. Or il faut voir avec quelle sagacité Montesquieu a su saisir celles de la grandeur et de la décadence des Romains.

En fouillant dans les annales de ces maîtres du monde, rien ne lui échappe ; il observe leurs mœurs, leurs coutumes, leurs loix ; ensuite il pèse leur conduite envers les différentes nations qu'ils avoient soumises, ou qu'ils avoient à soumettre. Puis il examine les effets nécessaires des vices de la constitution de Rome, et les suites funestes de cette ambition sans bornes, de ce dessein de tout envahir.

(1) Il fut publié en 1734.

Enfin, accueillant avec soin tout ce qui influa sur la fortune de ce peuple fameux, il rapproche, combine et arrange avec tant d'art ces pièces éparses, qu'elles offrent un ensemble parfait, un système de politique aussi vaste que frappant. Ainsi, à la vûe des ruines dispersées autour des fondemens, un savant architecte traceroit d'une main hardie le plan de l'édifice majestueux qu'elles formèrent autrefois.

Au nombre des causes de la grandeur des Romains, Montesquieu met la constitution de Rome, qui ne laissant d'autres professions aux citoyens que celles des armes, transforma la nation entière en une nation de guerriers.

Leur état constant de guerre, qui les rendoit toujours prêts à l'attaque, toujours prêts à la défense.

L'étude continuelle de l'art militaire et la profonde connoissance qui en étoit le fruit; connoissance qu'on acquiert rarement dans des expéditions passagères, où la plupart des exemples sont perdus.

L'amour de la patrie qu'on leur inspiroit dès l'enfance, et qui en fesoit des défenseurs intrépides; l'espoir du butin et du pillage qui redoubloit leur audace.

La dureté des travaux et des exercices militaires qui les rendoit si propres aux fatigues de la guerre, et si redoutables dans les combats.

La peine de mort portée contre les fuyards, qui ne laissoit aux combattans que l'alternative de vaincre ou de périr.

La rareté des désertions, suite de l'amour de la patrie qui animoit les soldats, du désir de conserver leur fortune, et de la haute estime qu'ils avoient d'eux-mêmes; des hommes si fiers ne pouvant songer à s'avilir jusqu'à cesser d'être Romains. L'empressement d'adopter les armes qu'ils trouvoient les meilleures, et de se procurer les autres avantages de l'ennemi ; précaution qui les empêchoit d'être surpris deux fois de suite, enlevoit toute supériorité aux nations qu'ils combattirent tour à tour, et les mettoit eux-mêmes en état de combattre contre chacune avec les avantages de toutes les autres.

La sévérité de la discipline militaire, qui tenoit toujours réunies les forces de l'armée, et les faisoit concourir au même but.

Les honneurs du triomphe, dont l'espoir élevoit les généraux au-dessus d'eux-mêmes.

La suite des grands hommes d'Etat et de guerre, que forma celle de leurs premiers rois.

Le changement de forme du gouvernement, qui ajouta à son énergie, sans l'exposer aux dangers de voir le prince s'endormir sur le trône.

L'établissement des consuls, ou plutôt la puissance passagère de ses chefs de la République qui les portoit à signaler par des exploits leur magistrature, afin d'en obtenir de nouvelles, ce qui fit qu'il n'y eut pas un moment de perdu pour l'ambition.

L'usage de juger de la gloire des généraux par la quantité de l'or qu'on portoit à leur triomphe, ce qui faisoit qu'ils ne laissoient rien aux vaincus, et que chaque guerre, mettoit Rome en état d'en entreprendre une autre.

La constance du Sénat à poursuivre le même plan politique.

La division qu'il semoit adroitement entre des Etats amis et alliés, et dont il profitoit pour les détruire les uns après les autres.

L'attention qu'il avoit de ne jamais avoir à la fois sur les bras deux ennemis puissans, et d'accorder une trève au plus faible ou de dissimuler, jusqu'à ce que le plus fort fût anéanti.

Le soin de ne jamais faire de guerre éloignée, sans s'être

procuré auprès de l'ennemi qu'il vouloit attaquer, quelque
allié qui pût joindre ses troupes à l'armée romaine ; et
comme cette armée n'étoit jamais considérable par le nombre, il n'exposoit qu'une petite partie de ses forces ; tandis
que les ennemis mettoient au hazard toutes les leurs.

La cassation des traités faits par les généraux des armées,
pour se tirer de quelque mauvais pas ; et l'attention de
continuer la guerre, en opposant aux ennemis ces mêmes
troupes qu'ils avoient épargnées ou sauvées.

La fermeté inébranlable des Romains dans les revers, et
leur maxime de ne jamais faire la paix qu'après la victoire ;
politique qui leur imposoit la nécessité de vaincre, et les
rendoit toujours maîtres des conditions du traité.

Leur adresse à profiter de la victoire, pour tenir abattus
les peuples dont ils avoient triomphé.

Leur art d'imposer aux vaincus des conditions telles
qu'elles achevoient toujours la ruine de l'État qui les
acceptoit ; comme de faire sortir ses garnisons des places
fortes, et de se faire livrer ses chevaux, ses éléphans, ses
vaisseaux, ce qui ruinoit ses armées ; et de se faire payer
des taxes excessives, ou un tribut exorbitant pour les
frais de la guerre, ce qui ruinoit ses finances.

La loi qu'ils lui imposoient de ne faire aucune alliance,
de n'accorder aucun secours, de n'entreprendre aucune
guerre sans leur consentement, ce qui lui enlevoit sans
bruit ses alliés, et lui ôtoit pour toujours la puissance militaire.

La coutume, à la fin de chaque guerre, de s'ériger en
juges des peuples ; décidant des peines et des récompenses
que chacun avoit méritées, ils donnoient à leurs alliés une
portion des terres des vaincus ; par là ils s'attachoient des
princes dont ils avoient peu à craindre, beaucoup à espérer, et ils en affaiblissoient d'autres, dont ils n'avoient
rien à espérer, et tout à craindre.

Comme ils n'accordoient point de paix qui ne contînt une alliance ; ils ne soumettoient aucun peuple qui ne leur servît à en abaisser d'autres. Destructeurs pour ne pas paroître conquérans, on auroit dit qu'ils ne prenoient que pour donner.

La modération que Rome affectoit dans ses conquêtes, empêcha ses voisins d'ouvrir les yeux, et de s'opposer à ses projets.

Mais elle resta si bien la maîtresse, qu'elle accabla chacun de ses ennemis du poids de tout l'univers, jusqu'à ce que le moment fût venu de ne plus dissimuler. Ainsi jamais nation ne prépara la guerre avec tant de sagesse, ne la conduisit avec tant d'habileté, n'y montra tant d'audace, ne la fit avec tant de succès, et n'en sut mieux tirer parti.

Voilà les causes de sa grandeur. Voici celles de sa décadence :

La constitution même de l'État, qui étoit admirable pour conduire Rome à la puissance, et n'étoit pas propre à l'y maintenir.

Les dépouilles des nations subjuguées qui produisirent l'opulence, l'opulence qui amena le luxe, le luxe qui corrompit les mœurs, fit oublier les anciennes maximes, avilit les esprits, et les prépara à la servitude.

L'extrême inégalité des fortunes qui mit le grand nombre dans la dépendance du petit.

Cette foule de citoyens qui, avec les désirs ou les regrets d'une fortune considérable, furent prêts à tous les attentats.

L'extension de l'Empire qui exigeoit des armées beaucoup plus nombreuses, armées qu'on fut enfin obligé de composer d'affranchis ou de citoyens trop pauvres pour s'intéresser au salut de la République.

Les expéditions lointaines, qui ne permirent plus au

Sénat d'avoir l'œil sur la conduite des généraux, et qui, forçant les légions à une longue absence, leur fit insensiblement perdre la patrie de vüe, pour ne reconnoître que leurs chefs et placer en eux toutes leurs espérances.

Une trop grande autorité confiée aux gouverneurs des provinces, qui, maîtres de disposer des armées et des royaumes, sentirent leurs forces et ne purent obéir.

Le droit de citoyen indistinctement accordé aux vaincus, qui fit une seule nation de tant de nations différentes, dont les intérêts étoient si souvent opposés. La grandeur immense de la ville, où tant de peuples s'assembloient pour voter, et où quelques ambitieux appellèrent des nations entières pour troubler les suffrages, et se les faire donner : ce qui changea les assemblées nationales en conjuration, et les dissentions populaires en guerres civiles.

Les commissions extraordinaires, que les citoyens les plus considérables par leur fortune et leurs talens se firent accorder : ce qui anéantit l'autorité des peuples et des magistrats, pour mettre la souveraine puissance dans les mains de quelques particuliers.

Les funestes exemples donnés par Scylla, après qu'il se fut fait élever à la dictature. Dans son expédition d'Asie, il ruina la discipline militaire, en habituant son armée aux rapines, et en lui donnant des besoins qu'elle n'avoit jamais eus. Entrant à Rome à main armée, il enseigna aux généraux à violer l'azile de la liberté. Donnant aux soldats les terres du citoyen, il excita leur avidité, et les rendit insatiables. Inventant les proscriptions, il indiqua le moyen de forcer les Romains à s'attacher au parti de quelqu'un des ambitieux qui se disputoient l'empire, et à se déclarer pour un maître.

Pompée, voulant se rendre maître des élections, corrompit le peuple à prix d'argent.

Mais la République destinée à périr fut entraînée au

précipice par César, et Rome devint la proye d'un de ses
citoyens. Après avoir usurpé le pouvoir suprême, César
établit l'impunité de tous les crimes publics, il abolit tout
ce qui pouvoit arrêter la corruption des mœurs, il ren-
versa les barrières du vice, et il employa les trésors de
l'État à faire taire les loix, à faire souffrir sa tyrannie.

Le gouvernement devenu despotique changea bientôt
de maximes. Au lieu de ce Sénat, dont les yeux étoient
toujours ouverts sur la gloire de l'État, de ce Sénat qui
n'avoit point eu de prospérités dont il n'eût profité, ni de
malheurs dont il ne se fût servi. On vit quelques favoris à
la tête du gouvernement, et toutes les affaires publiques
furent traitées dans le cabinet du prince, qui, sacrifiant
tout à ses passions, songea beaucoup plus à affermir son
autorité qu'à veiller au maintien de l'État.

Rome se soutint quelque temps par la force de ses institutions. Au milieu du luxe, de la mollesse et de la volupté,
elle avoit conservé une valeur héroïque. Les vertus guer-
rières lui restoient encore, lorsqu'elle eut perdu toutes les
autres; et comme dans les guerres civiles chaque homme
est soldat, elle fut même en état de faire de nouvelles conquêtes; mais le nerf de sa puissance étoit détruit.

Après la mort de César, Auguste usurpa l'Empire, et
travailla à maintenir la tranquillité de son gouvernement,
à établir une servitude durable.

Il rendit les corps de légions éternels, et affecta des fonds
pour leur solde : ainsi les armées ne furent plus compo-
sées que de mercenaires.

Sous lui se perdit la coutume des triomphes. La maxime
du Sénat avoit été d'entretenir constamment la guerre. La
maxime des Empereurs fut d'entretenir la paix; ils regar-
doient les victoires comme des sujets d'inquiétudes ; ceux
qui commandoient n'osèrent pas même entreprendre de
grandes choses, crainte de réveiller la jalousie du tyran.

Dans les derniers temps de la République, l'amour de la liberté avoit fait place à l'ambition, à la soif de l'or, à l'amour des plaisirs. Sous le nouveau gouvernement, il fut étouffé dans tous les cœurs par la crainte des attentats de la tyrannie : l'État offroit bien encore l'apparence d'un pouvoir formidable, mais ce n'étoit plus qu'un vaste corps sans liens. Rome ne renfermoit plus qu'un maître et des esclaves.

L'ineptie, la lâcheté et les vices de ces monstres qui régnèrent presque sans interruption depuis Tibère jusqu'à Galba, et depuis Commode jusqu'à Constantin, firent mépriser la puissance de Rome, et précipitèrent la ruine de l'Empire.

Le peuple ayant perdu la souveraineté, étoit devenu le plus vil de tous les peuples; il ne subsistoit qu'aux dépens des trésors publics; on l'avoit accoutumé aux jeux, et il vivoit dans l'oisiveté.

La corruption se mit aussi dans les armées, et lorsqu'elles eurent senti leur force, tout fut perdu. Une milice insolente disposoit en souveraine de la fortune publique. Les soldats vendoient l'empire, et pour en avoir un nouveau prix, ils assassinoient les empereurs; vivant à leur fantaisie, ils s'amolirent dans les théâtres et ne voulurent plus entendre parler de discipline.

L'État, sans puissance au dehors, pouvoit à peine se soutenir au dedans.

Constantin rappela les légions qui étoient sur les frontières et les disposa dans les provinces, ainsi la barrière qui contenoit tant de nations fut ôtée.

Enfin l'Empire lui-même fut partagé par ses maîtres.

Ouvert de toutes parts aux invasions des Barbares, il ne tarda pas à être détruit en Occident, et après avoir langui quelques siècles en Orient, sous des empereurs imbéciles, il finit par s'anéantir.

Telles furent les principales causes de la grandeur et de la décadence des Romains. Mais c'est dans l'ouvrage même qu'il faut voir le développement lumineux de toutes celles qui concoururent à ces deux grandes Révolutions, et les scènes variées qu'elles produisirent. Là tous les grands traits répandus dans l'histoire viennent se réunir, comme les rayons au foyer d'un miroir, et leur lumière en est plus vive.

Croira-t-on qu'un assez petit volume ait suffi à l'auteur pour épuiser un sujet aussi vaste? Politique profond, il développe avec une sagacité merveilleuse le jeu compliqué d'une multitude de ressorts, et détermine l'influence particulière de chacun; mais s'il fait beaucoup voir, il laisse encore plus à penser. Peintre inimitable, il dessine avec une vérité frappante une multitude d'objets intéressans; il les place chacun dans leur vrai point de vue, il les fait ressortir au moyen d'un brillant coloris, et il offre à l'admiration des sages le plus sublime tableau que l'esprit humain puisse contempler.

Comparez à cet ouvrage unique les écrits de même genre qui l'ont suivi; qu'ils sont petits auprès de celui-là!

Oui, Messieurs, ils auront beau se multiplier, dans tous les siècles le livre des *Considérations sur la grandeur des Romains* fera les délices des lecteurs qui pensent, et le désespoir des auteurs qui oseront courir la même carrière.

Les brillans succès de Montesquieu sembloient lui servir d'aiguillon à un plus grand ouvrage, mais il en avoit formé le plan dès sa jeunesse. En examinant les différentes institutions reçues parmi les hommes, il sentit que presque tous les législateurs avoient méconnu la dignité de leur entreprise; hommes bornés que le hazard avoit mis à la tête des autres, ils ne voyoient les choses que par parties, n'embrassoient rien d'une vue générale, donnoient dans les cas particuliers et perdoient le temps à des règlemens

quelquefois puérils. Encore s'ils avoient suivi l'équité
naturelle ; mais trop souvent ils ne consultèrent que leurs
préjugés, leurs fantaisies, leurs caprices.

Ce n'est pas qu'on puisse refuser de la sagesse et des
vües profondes à plusieurs anciens législateurs ; mais il
faut avouer que, forcés de se plier eux-mêmes aux préjugés ou aux passions des hommes, auxquels ils devoient
donner des loix, leurs institutions manquent presque toujours d'harmonie ; et quoique chacun n'eût qu'un grand
objet en vüe, la plupart mirent tout leur génie à parvenir
à leur but et ne surent point (1) conserver leur ouvrage.

Montesquieu, le premier, porta dans la législation les
vües d'un génie profond et sage. Voulant conduire les
hommes au bonheur par les loix, il n'entreprit point de
leur tracer le plan du meilleur gouvernement possible,
mais de les rendre aussi heureux que le permettent les
divers gouvernemens sous lesquels ils vivent. Ne pouvant
refondre ces gouvernemens ils s'attachent à les perfectionner, en retranchant les abus et corrigeant les déffauts,
en mettant de l'harmonie dans toutes les parties de la
Constitution, en éclairant ceux qui commandent et en
donnant à ceux qui obéissent de nouvelles raisons d'aimer
les loix, leur pays, leur prince.

Avant lui, plusieurs avoient entrepris de rédiger un code
de loix à l'usage des nations ; mais simples métaphisiciens,

(1) Exceptons-en Minos et Licurgue. C'est en choquant tous les usages
reçus, en confondant toutes les vertus, qu'ils montrèrent à l'univers leur
sagesse. Licurgue, mêlant l'esprit de larcin avec l'esprit de justice, le plus dur
esclavage avec l'extrême liberté, les sentimens les plus atroces avec l'extrême
modération, donna de la stabilité à sa ville. Il sembla lui ôter toutes les ressources des arts, le commerce, l'argent, les murailles ; où y a de l'ambition
sans espérance d'être mieux, où y a les sentimens naturels, et, où y est ni
enfans, ni mari, ni père ; la pudeur même est ôtée à la chasteté. C'est par ces
chemins que Sparte est menée à la grandeur et à la gloire ; mais avec une telle
infaillibilité de ses institutions qu'on obtenoit rien contre elle en gagnant des
batailles, si on ne parvenoit à lui ôter sa police. »

simples moralistes, ou simples jurisconsultes, les uns et
les autres considérèrent l'homme abstraitement, ou tout
au plus sous quelques points de vüe particuliers. Montesquieu, le premier, considéra l'homme sous chacun de
ses différens rapports. Après avoir embrassé d'un coup d'œil
son vaste plan, il en médita chaque branche, il en examina
toutes les causes pour voir tous les résultats, et recherche
toutes les parties pour mieux juger de leur ensemble.

Laissant de côté la perfection absolüe des loix, pour
s'occuper de la perfection que la faiblesse humaine com-
porte, il examine moins celles qu'on a faites que celles
qu'on a dû faire. Plus jaloux de les simplifier que de les
multiplier ; il s'applique à en assurer l'observation et à la
rendre facile.

L'exécution de ce grand dessein exigeoit que l'auteur
développât les loix éternelles de la justice, les fondemens
de la morale, l'origine des sociétés, les principes du droit
naturel, les maximes de la politique, les ressorts du gouvernement, les règles de la jurisprudence, l'inflüence des
climats, du commerce, des arts, les mœurs des différentes
nations, les avantages et les déffauts de toutes les institutions particulières.

Vingt années lui suffirent à peine pour rédiger les maté-
riaux de cet édifice immense, fruit de ses lectures, de ses
observations, de ses méditations. Avant d'avoir remonté
aux idées premières, effrayé de la grandeur de son entreprise, il l'abandonna et la reprit plusieurs fois. Mais
lorsqu'il eut saisi les vrais principes, il mit la main à
l'œuvre, redoubla d'efforts, couronna son travail, et
l'*Esprit des Loix* vit le jour.

Je voudrois donner ici une idée complète de cet ouvrage
précieux, propre à faire chérir le nom de l'auteur autant
qu'à l'immortaliser ; mais à peine un volume entier pour-
roit-il suffire, et je me borne à un simple aperçu.

Montesquieu débute par considérer les loix abstraitement, c'est-à-dire dans les rapports avec les différens êtres. Il ne jette qu'un coup d'œil sur les loix de la nature, et il les réduit à celles qui portent les hommes à travailler à leur conservation, à propager leur espèce, et à vivre en société. Puis il traite des loix positives en remontant à leur source.

Dès que les hommes sont en société, ils perdent le sentiment de leur faiblesse, et bientôt cesse l'égalité que la nature avoit mise entre eux. Chaque société, venant à sentir sa force, veut en abuser; ce qui produit un état de guerre de nation à nation.

Les membres de chaque société, venant à sentir leur force, cherchent à tourner en leur faveur les avantages de l'association; ce qui produit entre eux un état de guerre. Pour remédier aux maux effroyables que produit l'abus de la force, ils firent des loix, et la multitude se réunit contre les oppresseurs. Voilà l'origine du gouvernement, sans lequel aucune société ne peut se maintenir.

Les habitans de la terre forment nécessairement des différens peuples. Ces peuples, étant plus ou moins nombreux, ne sauroient avoir la même forme de gouvernement; mais quelque indifférentes que soient leurs institutions, ils ont des loix dans le rapport qui se trouve entr'eux, et ces loix font *le droit des gens*. Les membres de chaque peuple ont aussi des loix, dans le rapport de ceux qui gouvernent à ceux qui sont gouvernés, et ces loix font *le droit politique*. Enfin les individus de la même société ont des loix dans le rapport qui se trouve entr'eux, et ces loix font *le droit civil*.

Dans la paix, les nations doivent se faire le plus de bien possible, et dans la guerre le moins de mal possible, sans pourtant nuire à leurs véritables intérêts. De ces deux principes dérivent toutes les loix du droit des gens.

Quant à celle du droit politique et du droit civil de chaque peuple, elles diffèrent avec la forme du gouvernement. Ce sont les forces particulières, qui font la force générale ; or les forces particulières ne peuvent se réunir, sans que les volontés se réunissent : ainsi tout pouvoir légitime tire sa source du consentement unanime des peuples. Mais la force générale de la nation peut être placée dans les mains d'un seul ou dans les mains de plusieurs : de cette différence vient celle du gouvernement.

Les loix doivent être propres aux peuples pour lesquels elles sont faites : elles doivent donc se rapporter à la nature et au principe du gouvernement établi ou à établir ; soit qu'elles le forment, comme font les loix politiques, soit qu'elles le maintiennent, comme font les loix civiles. Elles doivent aussi être relatives à la situation et à la grandeur de l'État, au climat du pays, à la qualité du sol, au genre de vie des habitans, à leur nombre, à leur caractère, à leur religion, à leurs mœurs, à leur commerce. Enfin elles ont des rapports entr'elles, elles en ont avec leur origine, avec l'objet du législateur, avec l'ordre des choses sur lesquelles elles statuent. Ce sont tous ces rapports qui forment ce qu'on appelle : *l'Esprit des Loix.*

On distingue trois formes de gouvernement : le Républicain, où le peuple a la souveraine puissance ; le Monarchique, où un seul gouverne par des loix immuables ; et le Despotique, où un seul commande d'après ses passions et ses caprices. Le Républicain se divise en aristocratie et en démocratie, selon que tout le peuple ou en partie seulement y est souverain. Ce n'est pas qu'aucun des gouvernemens de la terre soit exactement calqué sur quelqu'une de ces formes, car ils tiennent tous plus ou moins de l'une ou de l'autre. Ici la monarchie est combinée avec l'aristocratie. Là elle incline au despotisme. Mais ces formes sont les vrais modèles des gouvernemens, qui diffèrent

essentiellement. Comme il est inconcevable qu'une nation
entière ait pu consentir à ce qu'un de ses membres fût
tout et qu'elle ne fût rien, on doit regarder le despotisme
moins comme un gouvernement que comme l'abus de
tous les gouvernemens; on seroit même tenté de le regarder comme une chimère, si une triste expérience n'avoit
que trop appris quel empire l'imposture, l'astuce et
l'adresse peuvent donner,à des hommes adroits sur un peuple ignorant et désuni.

Les loix devant être relatives à la nature du gouvernement, l'auteur s'applique à déterminer celles qui consti-
tuent chacune de ces différentes formes, considérées d'une
manière abstraite.

Dans la démocratie le peuple est à certains égards souverain, et sujet à d'autres égards. Il ne peut être souverain
que par ses volontés ; c'est donc à lui seul à faire les loix,
à choisir ses ministres, et à élire ses officiers. Ainsi les
loix qui fixent le nombre des citoyens ayant droit de former les assemblées, qui déterminent la manière de donner
les suffrages, qui règlent l'élection des magistrats, sont
fondamentales.

Dans l'aristocratie les loix fondamentales ont les mêmes
objets; mais il y a cette différence qu'elles ne concernent
qu'une partie du peuple, au lieu de le concerner en
corps.

Il est de l'essence de la monarchie qu'il y ait entre le
peuple et le prince des rangs intermédiaires, des pouvoirs
secondaires et un corps permanent chargé du dépôt des
loix : or toutes les loix relatives à ces objets sont fondamentales.

La nature du despotisme exige que dans chaque départe-
ment des affaires, le prince exerce son autorité par lui-
même ou par un ministre; l'établissement du vizirat y est
donc une loi fondamentale.

Après avoir réglé la nature du gouvernement, il importe que le législateur, s'occupe du principe qui doit l'animer et le maintenir.

Dans la démocratie, ce principe est la vertu politique, c'est-à-dire l'amour de cette espèce d'égalité qui fait que chacun est également soumis aux lois; car celui qui les fait exécuter en porte le poids lui-même. Dans l'aristocratie, ce principe est encore la vertu politique, l'amour de l'égalité : mais il est restreint à ceux qui commandent, et dès qu'il les anime, il les porte à étouffer leur ambition particulière, en réprimant celle de chacun par celle de tous.

Dans la monarchie, où le prince a la force en main pour faire observer les loix, l'Etat se maintient, indépendamment de l'amour de la patrie, des sacrifices de l'intérêt personnel, et des vertus du citoyen; mais pour que le prince lui-même ne devienne pas despote, il faut que ses officiers, ses ministres, ne soient pas de serviles instrumens de ses volontés. Or le principe du gouvernement monarchique est l'honneur, ce vif amour de l'estime destiné à représenter la vertu : barrière suffisante, sans doute, tant que l'estime n'est accordée qu'au mérite; mais trop fragile barrière, lorsque la faveur et les dignités tiennent lieu de gloire, dispensent de toutes vertus, et couvrent l'infamie même.

Enfin le principe du gouvernement despotique c'est la crainte.

Tels sont les principes des trois gouvernemens.

Tant que les principes sont en vigueur, le gouvernement est stable; il dégénère, lorsqu'ils se relâchent ou se corrompent. On sent par là combien il est essentiel que les loix tendent partout à mettre en vigueur le principe du gouvernement. Celles de l'éducation publique, les premières que l'homme reçoit dans le monde, doivent donc être relatives à la Constitution : Ainsi dans les États républicains, elles doivent inspirer la vertu, l'honneur dans les États monarchiques, la crainte dans les États despotiques.

Il n'est pas moins essentiel que le législateur ne choque jamais le principe du gouvernement. Les loix, dans la démocratie, doivent donc établir l'égalité et la frugalité, inspirer l'amour de la patrie, borner la fortune des citoyens, leur ôter tout espoir de s'enrichir, et ouvrir la porte aux dépenses publiques. Elles doivent même établir des magistrats pour avoir toujours les yeux ouverts sur le peuple, et veiller à la conservation des mœurs.

Dans l'aristocratie, les loix doivent tendre à inspirer aux membres du souverain un esprit de modération, à établir entr'eux l'égalité, et à leur donner ces vertus politiques, propres aux citoyens des démocraties. Ainsi attentives en tous tems à mortifier l'orgueil de la domination ; elles doivent détruire l'excessive inégalité entre ceux qui commandent et ceux qui obéissent, assujétir les premiers comme les derniers à supporter les charges de l'État, ne pas leur permettre de lever les impôts par leurs mains, leur interdire le commerce, en un mot leur ôter tout moyen de perpétuer la grandeur dans la même famille, terminer leurs différens avec célérité, et ne laisser dans l'Etat aucun azile contre la justice.

Dans les monarchies, les loix se rapportant à l'honneur, doivent rendre la noblesse héréditaire, soutenir les nobles, accorder des privilèges à leurs terres, établir la substitution de leurs biens ; et afin que le peuple puisse fournir au luxe du prince, de sa cour, favoriser le commerce et régler les impôts de manière à ne pas écraser le cultivateur, ni décourager l'industrie.

Le despotisme n'est propre qu'à dégrader et à sacrifier le genre humain. A l'égard des autres gouvernemens, ils ont chacun des avantages particuliers.

Le Républicain est plus propre aux petits Etats. Le

Monarchique aux grands Etats. Le Républicain est plus
sujet aux excès, le Monarchique aux abus. Le Républicain
apporte plus de maturité dans l'examen des affaires; le
Monarchique met plus de promptitude dans leur expédition.

La différence des principes des trois gouvernemens, en
produit une dans le nombre et l'objet des loix, dans la
forme des jugemens, dans la nature des peines. Il faut que
dans les monarchies la législation soit relative non seulement à la vie et aux biens des sujets, mais à l'honneur et
aux privilèges des différens ordres de l'Etat : ce qui mul-
tiplie nécessairement les loix, et avec elles les tribunaux.

Dans les républiques, où les mœurs règlent la conduite
des citoyens, il faut moins de loix; mais il faut encore
peut-être plus de formalités, pour ne rien laisser d'arbitraire aux jugemens. Le despotisme, où le prince se borne
à concilier le gouvernement politique et civil avec le gouvernement despotique, les officiers de l'État avec les officiers du sérail, exige très peu de loix; tout y est arbitraire,
les règles seraient inutiles, le juge étant lui-même sa propre
règle.

C'est surtout à l'égard des affaires criminelles que les
loix doivent se rapporter aux principes des gouvernemens.
Dans les États despotiques, les peines peuvent être plus
rigoureuses, elles doivent l'être beaucoup moins dans la
monarchie, et beaucoup moins encore dans l'aristocratie,
surtout dans la démocratie où l'idée seule du châtiment
est si propre à frapper les esprits.

Mais dans les républiques la loi doit être inflexible; car
l'impunité y produiroit bientôt le relâchement des mœurs.

Dans la monarchie, où l'honneur exige souvent ce que
la loi défend, la clémence du prince peut quelquefois
adoucir la peine.

Ici l'auteur examine les loix somptuaires dans leur rapport aux principes des gouvernemens. Ces loix seroient superflues dans la démocratie, où les citoyens ne doivent avoir que le nécessaire : elles sont indispensables dans l'aristocratie, où le luxe corrompt les mœurs; et elles seroient nuisibles dans les monarchies, où l'inégalité des fortunes et le luxe qui en est la suite doivent être naturalisés. Par les mêmes raisons, les loix contre le relâchement des mœurs et l'incontinence des femmes doivent être sévères dans les républiques; elles peuvent être plus douces dans la monarchie, où la vertu est moins nécessaire.

Après avoir montré comment les principes des gouvernemens se conservent, il falloit montrer comment ils se corrompent. Celui de la démocratie se corrompt lorsque les citoyens ne peuvent souffrir aucune inégalité entr'eux, ce qui produit l'amour de l'indépendance et mène à l'anarchie; ou bien lorsqu'une trop grande inégalité s'établit parmi eux, ce qui amène le luxe, la corruption des mœurs, la vénalité et l'oppression. Celui de l'aristocratie se corrompt lorsque le pouvoir des nobles devient arbitraire. Celui de la monarchie, lorsque le prince enlève peu à peu les prérogatives des villes, des corps intermédiaires et des différens ordres de l'État.

En approfondissant les rapports de l'étendue de l'État avec le principe du gouvernement, l'auteur démontre qu'une République ne peut subsister qu'autant qu'elle est bornée à un petit territoire, parce que les chefs doivent toujours être sous les yeux du peuple. Une monarchie ne peut subsister qu'autant qu'elle forme un État d'une grandeur moyenne, parce que les grands doivent être toujours sous les yeux du prince. Mais le despotisme peut convenir aux vastes États, parce que la promptitude des résolutions supplée à la distance des lieux où elles sont envoyées, et que la crainte retient les ministres du prince.

Pour conserver les principes du gouvernement, il faut

donc maintenir l'État dans les limites qui lui conviennent.

L'auteur ayant considéré d'une manière absolue les trois gouvernemens, les considère d'une manière relative, c'est-à-dire dans les rapports des loix avec la force déffensive et offensive. L'esprit de la monarchie est la guerre et l'aggrandissement; l'esprit des républiques est la paix et la modération. La déffense est toujours indispensable au salut de l'État, l'attaque souvent nécessaire. Les républiques où l'État a peu d'étendue ne peuvent se déffendre qu'en se confédérant; association qui réunit les avantages intérieurs du gouvernement monarchique. Les monarchies où l'État a une moyenne étendue, se déffendent par des places fortes sur leurs frontières, et des armes pour déffendre ces places fortes. Les États despotiques, qui peuvent avoir beaucoup d'étendüe, se déffendent en détruisant leurs frontières pour se rendre inaccessibles, ou en remettant les provinces éloignées à un prince feudataire, qui reçoit pour eux les coups de la fortune.

Quant à la force offensive, elle doit être réglée par le droit des gens, qui est la loi politique des nations.

Les États, comme les individus, ont droit de faire la guerre, mais seulement pour leur propre déffense.

L'objet de la guerre est la victoire, celui de la victoire est la conquête, celui de la conquête est la conservation. La grande loi du vainqueur est donc de pourvoir à sa sûreté, en faisant aux vaincus le moins de mal possible, et en réparant ce mal dès qu'il le peut. Il doit leur laisser leurs mœurs, leurs usages; s'il leur ôte leurs lois civiles, ce doit être pour leur en donner de meilleures. Enfin il doit les faire jouir des mêmes avantages que ses anciens sujets.

Le but de tout gouvernement légitime est la liberté. Elle consiste dans le droit de faire tout ce que les loix per-

m'ettent, et elle doit être considérée relativement à la
constitution et relativement aux individus. Dans chaque
État se trouvent trois différens pouvoirs : la puissance
législative, la puissance exécutrice relative au droit des
gens, et la puissance de juger. C'est de la juste réparti-
tion de ces pouvoirs que dépend la liberté de la constitution. Elle n'est pas libre, lorsque le même individu ou le
même corps réunit la puissance exécutrice à la législative,
il pourroit faire des loix tyranniques pour les exécuter
tyranniquement. Elle n'est pas libre tant que le pouvoir
de juger n'est pas séparé des deux autres ; avec la puissance législative, le juge pourroit disposer arbitrairement
de la vie et de la liberté des sujets ; avec la puissance exécutrice, il auroit de même les moyens de les opprimer.
Enfin tout est perdu lorsque ces trois pouvoirs sont réunis dans les mêmes mains, mais il ne suffit pas qu'ils
soient séparés, pour que les sujets jouissent de la liberté
politique, car elle consiste dans l'opinion qu'ils ont de
leur sûreté. Pour qu'ils ayent cette opinion, il faut qu'un
homme n'ait rien à craindre d'un autre homme ; d'où il
suit que leur liberté dépend de la bonté des lois pénales.
Il importe donc d'établir les règles les plus sûres dans les
jugemens criminels, afin qu'ils n'ayent rien d'arbitraire, et
que la peine dérive toujours de la nature du délit. Maximes génerales : les crimes contre la religion doivent être
punis par la privation des avantages qu'elle procure ; les
crimes contre les mœurs, par la honte ; les crimes contre
la tranquillité publique, par l'exil ou la prison ; les crimes
contre la sûreté par des supplices : au reste, les pensées
doivent toujours être libres, et jamais les paroles ne doivent former la matière d'un délit, qu'autant qu'elles accom-
pagneroient une action criminelle.

Les accusations non juridiques, les lettres anonimes
et l'espionnage doivent être proscrits, comme de hon-

teuses voyes de corruption, de cruels moyens de tyrannie.

La levée des tributs et la grandeur des revenus publics
ont un rapport étroit avec la liberté.

Pour que le gouvernement se maintienne, ces tributs
doivent être réglés de manière à ne pas prendre sur les
besoins réels du peuple, pour des besoins imaginaires de
l'État. Ces besoins imaginaires sont ce que demandent les
passions ou les faiblesses de ceux qui gouvernent, le
charme d'un projet extraordinaire, l'envie malade d'une
vaine gloire, et une certaine impuissance d'esprit contre
les fantaisies. Les impôts, toujours proportionnels à la
liberté, doivent être très légers dans les États despotiques; ils peuvent l'être beaucoup moins dans les monarchies, et beaucoup moins encore dans les républiques,
surtout dans la démocratie, où chaque citoyen les
regarde comme le prix de sa liberté !

Les impôts portent sur les personnes, sur les terres, sur
les marchandises.

L'impôt par tête est plus naturel à la servitude. L'impôt
sur les marchandises est plus naturel à la liberté ; il est
même le moins onéreux de tous, car on le paye presque
sans s'en apercevoir, lorsqu'il est proportionnel aux prix
de la chose ; mais il importe qu'il soit toujours levé sur le
marchand.

Le nécessaire physique ne doit jamais être taxé, l'utile
peut l'être, mais moins que l'agréable et le superflu.

Quant à la manière de lever les impôts, la régie est
préférable à la ferme, parce qu'elle est l'image de l'admi-
nistration d'un bon père de famille, qui lève avec économie ses revenus; parce qu'elle fait entrer dans le fisc
public le produit total; parce qu'elle épargne à l'État les
profits immenses des traitans, et au peuple une infinité de
loix cruelles qu'ils arrachent au prince.

Comme les loix doivent être relatives au caractère des peuples, elles ont des rapports nécessaires avec les *climats*, *qui ont tant d'influence sur ce caractère*.

Cette partie de l'*Esprit des Loix* est la plus originale de toutes.

Si la découverte des principes qui s'y trouvent établis exigeoit beaucoup de sagacité, leur application n'est pas moins solide que brillante. L'auteur fait voir comment le législateur doit s'attacher à combattre les vices du climat, tels que la mollesse, l'aversion du travail et le penchant de l'ivrognerie, quand il a des effets dangereux. Le climat modifie aussi le degré de la servitude ou de la liberté des différens peuples de la terre. La diverse température de l'air ayant une si prodigieuse influence sur la force du corps et la hardiesse de l'esprit, il est simple que la lâcheté des peuples du Midi les ait presque tous rendus esclaves ; tandis que le courage des peuples du Nord les a presque tous maintenus libres.

La servitude civile ou domestique ne dépend pas moins du climat que la servitude politique. Dans ces pays où la chaleur énerve si fort les corps et affaiblit tellement le courage, que les hommes ne sont portés au travail que par la crainte des châtimens, on en voit un grand nombre, dans l'espoir de vivre dans l'oisiveté, chercher à devenir l'esclave de ceux qui tyrannisent l'État. Dans ces climats aussi, les femmes sont nubiles à dix ans et vieilles à vingt ans ; la raison ne se trouvant jamais chez elles avec la beauté, elles sont toujours dans la dépendance ; or la trop courte durée de leurs charmes nécessite la polygamie, et la polygamie à son tour nécessite leur clôture, car leur liberté serait fatale au mari. Mais de quelque espèce que soit l'esclavage, l'auteur fait voir que c'est un attentat contre la liberté, la raison et le droit naturel. Généreux défenseur de l'humanité outragée, s'il n'a pu rompre les fers des malheureux, partout il cherche à adoucir la dureté de leur sort, et on ne lira point sans attendrissement ces endroits sublimes où il plaide leur cause contre les sophistes soudoiés pour justifier cet attentat.

Dans les pays où l'esclavage civil ou domestique se trouve malheureusement établi, il faut que les loix travaillent à en ôter les abus et les dangers. Après avoir assuré la vie des esclaves, elles doivent commettre des magistrats pour veiller à ce qu'ils ayent toujours la nourriture, le vêtement, des soins dans leurs maladies et leur vieillesse. Pour guérir le mal dans sa racine, elles doivent même limiter le terme de l'esclavage, faciliter aux infortunés qu'il fait gémir les moyens de se racheter, et fixer le prix de leur rançon. Au reste l'esclavage civil ne sauroit être toléré, tout au plus que dans les États d'un despote, pays où il ajoute très peu à la dureté de l'esclavage politique.

Après avoir examiné les loix dans les rapports qu'elles ont avec le climat, il étoit indispensable de les examiner dans les rapports qu'elles ont avec la qualité du terrain. Il suit des principes de l'auteur que les pays fertiles étant surtout composés de plaines, et les pays stériles de montagnes, le gouvernement monarchique convient mieux aux premiers, le gouvernement républicain aux derniers. D'ailleurs les pays fertiles ont besoin, pour être cultivés, de toute l'industrie humaine ; et la liberté étant le seul dédommagement de la dureté du travail, le gouvernement démocratique leur convient mieux encore que le gouvernement aristocratique.

La législation a un grand rapport avec la manière dont les peuples se procurent leur subsistance. Il faut moins de loix à un peuple chasseur qu'à un peuple pasteur ; il en faut moins aussi à un peuple pasteur qu'à un peuple agri-

culteur, et à celui-ci qu'à une nation commerçante. Mais
les peuples barbares ne cultivant pas les terres, sont plutôt
gouvernés par le droit des gens que par le droit civil.

Il n'est point de fonctions aussi délicates que celles d'un
législateur. De quelle sagesse n'a-t-il pas besoin de remplir
son objet ? et avec quelle circonspection ne doit-il pas se
conduire, lors même qu'il veut donner aux hommes les
meilleures loix ?

Comme les esprits doivent être préparés à toute espèce
de changement, il importe qu'il ne choque jamais le caractère national. De là notre profond auteur déduit quelques
règles générales ; c'est par les loix qu'il faut corriger ce
qui est établi par les loix, et par les exemples ce qui est
établi par les mœurs. Il n'est pas moins essentiel que le
législateur porte toujours dans son travail un esprit de
modération, parce que le bien politique et le bien moral
se trouvent toujours entre deux limites.

Il doit s'aider des travaux d'autrui ; mais en examinant
les différentes institutions, il est essentiel qu'il pèse
chaque loi avec les circonstances où elle a été faite : car
celles qui paroissent semblables n'ont pas toujours le
même effet, et celles qui paroissent opposées vont quelquefois au même but.

Il ne sauroit mettre assez de simplicité dans la rédaction
des loix civiles. Sans doute il faut des formalités pour
diriger les juges, mais il n'en faut pas trop ; et la crainte
de blesser la justice, en procédant sans examen, ne doit
pas faire prendre le parti de ruiner les partis à force
d'examiner.

Enfin il est indispensable que le style des loix soit
clair, direct, précis, et qu'elles ne renferment aucune
clause qui fournisse un prétexte de les étudier.

En examinant les loix dans leur rapport avec le commerce, l'auteur fait voir que les effets constants sont de

porter les nations à la paix, d'adoucir les mœurs, de donner aux marchands un certain esprit de justice exacte en les accoutumant à discuter rigoureusement leurs intérêts, et de dégrader les âmes en mettant un prix à toutes les actions, en faisant regarder l'or comme celui des vertus.

A l'égard de ses rapports avec la constitution, le commerce fondé sur les besoins réels convient à tous les peuples; fondé sur les besoins du luxe, il ne convient qu'aux peuples qui vivent sous l'autorité d'un seul, car il importe qu'il ne choque point le principe du gouvernement.

Il ne faut exclure de son commerce aucune nation, sans des motifs de grands poids; encore moins s'assujettir à ne commercer qu'avec une seule nation : deux maximes que doivent maintenir les loix de l'État. Elles ne sont pas les seules : le commerce doit être libre; sa liberté toutefois ne consiste pas à permettre aux négociants de faire ce qu'ils veulent; ils doivent être gênés, mais en faveur du commerce seulement. L'exactitude avec laquelle leurs engagemens doivent être remplis exige la contrainte par corps; et comme leurs affaires se renouvellent chaque jour, il faut terminer leurs contestations avec célérité. Au reste, dans tout pays, l'État doit rester neutre entre sa douane et son commerce. La douane doit même être en régie, pour éviter les vexations de la finance.

Il seroit contre le principe de la monarchie que la noblesse fît le commerce, et contre la liberté des sujets que le prince s'en mêlât, car qui pourroit l'obliger de remplir ses engagemens? A l'égard des démocraties, le commerce doit se faire pour le compte de l'État, mais par un magistrat commis à cet effet.

La monnoie étant le signe de la valeur des marchandises et le principal instrument du commerce, l'auteur traite des opérations dont elle est l'objet, telles que le change, le payement des dettes publiques, le prêt à intérêt, et il indique les loix qui doivent les diriger.

· Puis il approfondit le rapport qui se trouve entre la constitution et le nombre des habitans d'un pays.

Partout le but du mariage est la population, partout la nature porte les hommes au mariage, lorsqu'ils ne sont pas arrêtés par la difficulté de pourvoir à leur subsistance.

Dans un bon gouvernement, la liberté, la sûreté, la modération des impôts, la proscription du luxe et la continence publique, suffisent pour favoriser la population. Lorsque ces moyens manquent, il faut encourager les mariages, en procurant aux malheureux les moyens de vivre et en accordant des privilèges aux personnes mariées.

Dans tout État, la religion est liée au gouvernement : aussi l'auteur examine-t-il les religions établies dans leurs rapports avec les loix. Non qu'il prétende faire céder les intérêts de la vraie religion à ceux de la société, il n'a dessein que de les unir. Le christianisme qui ordonne aux hommes de s'aimer, veut sans doute que chaque peuple ait les meilleures loix politiques et les meilleures loix civiles, parce qu'elles sont après lui le plus grand bien que les hommes puissent donner et recevoir. Des principes développés dans l'*Esprit des Loix*, il suit que la religion chrétienne convient mieux aux gouvernemens modérés, et la mahométane aux gouvernemens despotiques ; la première ne prêche que douceur, la dernière ne parle que de glaives. Dans un pays où on a le malheur d'avoir une religion que Dieu n'a pas donnée, il est pourtant nécessaire qu'elle s'accorde avec la législation. Comme toutes deux doivent concourir à rendre les hommes bons citoyens, lorsque l'une s'écarte de ce but, l'autre doit y tendre davantage. Moins la religion est réprimante, plus les loix civiles doivent réprimer.

Les hommes étant nés pour agir, il importe que la

religion ne leur donne pas une vie trop comptemplative, qui les rendroit indifférens à toutes choses.

C'est le culte extérieur surtout qui attache le peuple à la religion, et il est bon qu'il ait de la magnificence.

Comme la législation doit être le moins compliquée qu'il est possible, il ne faut pas souffrir l'établissement d'une nouvelle religion, lorsqu'on peut l'empêcher; mais lorsqu'elle est une fois établie, il faut la tolérer.

Après avoir traité séparément toutes les branches de la législation, Montesquieu les compare entr'elles, pour les examiner relativement aux choses sur lesquelles elles statuent.

Les hommes sont gouvernés par différentes espèces de loix; par le droit naturel, commun à chaque individu; par le droit domestique qui est celui du chef de famille; par le droit divin, qui est celui de la religion ; par le droit ecclésiastique qui est celui de la police de la religion; par le droit civil, qui est celui des membres d'une même société; par le droit politique, qui est celui de la constitution de cette société; par le droit des gens, qui est celui de tous les peuples. Ces droits ont chacun des objets distincts qu'il ne faut point confondre.

La sublimité de la raison humaine consiste à ne jamais régler par l'un ce qui doit être réglé par l'autre, afin de ne point choquer les principes tirés de la nature des choses, et c'est dans les applications de ce grand principe que l'auteur montre bien la sublimité de la science.

Non content d'avoir écrit pour tous les peuples, il consacre à sa nation un travail particulier sur l'origine et les révolutions des loix romaines relatives aux successions; de même que sur l'origine et les révolutions des loix civiles chez les François; objets importans qui servent de base à notre jurisprudence, et dont l'étude est indispensable à ceux qui se destinent à la magistrature ou au barreau.

Enfin il traite des loix féodales, ces loix sanguinaires qui, des forêts de la Germanie portées dans toute l'Europe, firent si longtems gémir le genre humain sous l'oppression d'une multitude de petits tyrans. Comme leur origine étoit très obscure, il en découvre les fondemens, il en développe l'esprit, et il en donne la théorie, dans les rapports qu'elles ont avec les révolutions de la monarchie (1).

On voit par cette légère esquisse qu'il n'est point de sujet aussi vaste que celui de l'*Esprit des Loix*. Il embrasse à la fois le droit naturel, le droit public, le droit civil, le droit criminel, la législation, la politique, la jurisprudence, la morale, la finance, le commerce, l'agriculture, etc. A la manière dont l'auteur approfondit chacune de ces branches, on croiroit qu'il y a particulièrement consacré ses veilles, si dans toutes il ne montroit d'égales connoissances. Chacune de ces branches est séparée dans la nature, elles communiquent entr'elles dans son ouvrage ; il les unit par les principes qui leur sont communs, et surtout par le but auquel il les fait tendre. Mais il traite avec tant de précision, tant de rapidité, les différentes parties de son vaste plan, qu'une lecture réfléchie peut seule en faire saisir les rapports et l'ensemble.

Ce n'est de même que par une lecture réfléchie qu'on peut sentir tout le mérite de l'*Esprit des Loix*. Le fond en est presque entièrement neuf, c'est-à-dire qu'il porte l'empreinte du génie créateur.

L'examine-t-on sous d'autres rapports ? Moins frappé

---

(1) Je n'ignore pas qu'en retranchant d'un éloge ces longues analyses, il ne gagne en énergie et rapidité ; mais sans ces analyses comment faire connoître les ouvrages d'un auteur ? Elles seules peuvent en développer le fond et la marche ; elles seules le caractérisent et en déterminent le mérite.

On doit même les regarder comme la vraie pierre de touche : combien d'ouvrages préconisés s'évanouissent à cette épreuve !

de la nouveauté des idées que de leur grandeur, on ne cesse d'admirer la majesté du sujet, que pour admirer son importance.

Si l'auteur trace le plan des différentes institutions humaines ; s'il dévoile le jeu compliqué des ressorts secrets qui font mouvoir les gouvernemens, qui les maintiennent ou les détruisent, c'est pour enseigner aux princes le grand art d'affermir leur autorité, craignant d'en abuser, et en la rendant légitime. S'il cherche à perfectionner les gouvernemens, c'est pour assurer aux hommes le bonheur, qu'on ne trouve que sous l'empire des loix. Mais quoi ! perfectionner le gouvernement despotique, n'est-ce pas affermir la tyrannie ? Ah ! messieurs, peut-on croire que Montesquieu ait jamais eu dessein de perpétuer ce gouvernement odieux, lui qui n'en parloit point sans frémir (1). Rendons justice à sa belle âme ; le tableau qu'il en fait en est la plus cruelle satyre. Sans doute c'étoit travailler à l'anéantir, que faire voir *ce qu'il faut faire pour le conserver*.

Et pour engager les princes à tempérer eux-mêmes leur autorité, ou plutôt à renoncer au pouvoir absolu, que lui restoit-il à faire, que de dévoiler l'impureté de sa source et la fragilité de ses fondemens, que d'environner le despote d'écueils et de précipices, de lui montrer des bras toujours levés pour le renverser, de l'épouvanter sur le trône, et d'empoisonner tous les instans de sa vie ?

Aux vues d'un génie bienfaisant, l'*Esprit des Loix réunit le faîte d'un génie sublime.*

Quelle solidité dans les principes ! Quelle justesse dans les conséquences ! Quelle évidence dans les résultats.

Voyés avec quel art profond il a su combiner toutes les branches du sistême législatif ; avec quel discernement il

(1) *Esprit des Loix,* chap. IX du liv. 3.

en fixe l'action et la réaction; avec quelle sagacité il en calcule l'inflüence réciproque, et avec quelle prudence il les étend, les restreint, les modifie pour en faire résulter un tout harmonique.

Non, jamais les ressorts du monde politique ne furent maniés avec autant d'habileté, et jamais ceux *du monde moral ne furent dirigés avec tant de sagesse.*

Maîtrisant à son gré les principes qui déterminent les hommes au bien ou au mal, il mesure leur degré de force, il les oppose les uns aux autres. L'intérêt personnel, la soif de l'or, l'amour de l'indépendance, l'audace, la licence, sont réprimés par l'amour de la patrie, l'honneur, la vertu; il enchaîne les passions par les passions mêmes.

De leur combat naît l'équilibre, de cet équilibre résulte l'ordre, et de l'ordre faisant sortir la liberté, la paix et le bonheur, il trace à ceux qui commandent la route qu'ils doivent tenir pour rendre leurs peuples heureux.

Ainsi, après avoir été observateur, philosophe et peintre dans ses autres ouvrages, il devint législateur des nations dans l'*Esprit des Loix*, et mérita de la sorte le plus beau titre dont un sage puisse être décoré.

L'érudition répandue dans l'*Esprit des Loix* est immense: mais l'emploi judicieux qu'en a fait l'auteur contribue toujours à l'agrément de l'ouvrage sans jamais déroger à la majesté du sujet. Attentif à ne présenter que les faits les moins connus, les plus singuliers, les plus piquans, il a soin encore, pour fixer son lecteur, de les accompagner de réflexions aussi fines qu'agréables; souvent même il s'attache à lui ménager des momens de repos, ou à le réveiller par ces traits énergiques, ces allusions délicattes, ces images brillantes qui caractérisent la touche des grands maîtres.

A peine l'*Esprit des Loix* eut-il vu le jour, qu'il excita la plus vive curiosité, et quoiqu'il ne fût destiné qu'au petit nombre de ceux qui pensent, chacun voulut le lire. Tout devoit attacher dans une lecture remplie d'idées originales, sublimes par leur objet, séduisantes par leur nouveauté, et qui nous rappelle sans cesse à nous-mêmes en nous occupant de nos plus chers intérêts : mais on cherchoit un ouvrage amusant, et on trouvoit un ouvrage instructif. Trompés dans leur attente, les lecteurs frivoles s'en prirent à l'ouvrage même, ils le traitèrent avec légèreté, ils s'égayèrent sur le titre, et ce précieux monument élevé à la gloire de la nation et au bonheur des peuples fut reçu avec plus que de l'indifférence. Mais bientôt les lecteurs éclairés ramenèrent la multitude égarée, ils lui apprirent ce qu'elle auroit dû penser, et leurs éloges, tour à tour respectés par ces échos dociles, retentirent dans l'Europe entière.

Cependant les ennemis de la philosophie réunis contre l'auteur lui lancèrent à l'envi les traits de leur satyre ; écrits obscurs, bien dignes du mépris dont il les paya. Tant que ces méchans se bornèrent à dénigrer l'ouvrage, Montesquieu garda le silence ; il le rompit lorsqu'ils l'accusèrent d'irréligion, et le dénoncèrent au public comme mauvais citoyen. Mépriser de pareils reproches eût paru les mériter, et la gravité des imputations lui ferma les yeux sur la bassesse de ses adversaires.

Lorsqu'on lit l'*Esprit des Loix* et qu'on se rappelle que des barbares ont cherché à rendre l'auteur odieux à tous ceux qui ne le connaissoient pas, et suspect à tous ceux qui le connaissoient, on ne revient pas d'étonnement, et on gémit en secret sur la noirceur de la calomnie.

Mais ne tirons pas ces écrits ténébreux de l'oubli où ils sont plongés, ou si nous nous permettons ici d'en dire un mot, que ce soit uniquement pour rappeler la manière enchanteresse dont Montesquieu fit un exemple de leurs indignes auteurs sur celui qui s'étoit le plus signalé ; c'est

assez désigner ce triste folliculaire (1) qui prétendoit avoir
succédé à Pascal, parce qu'il en avoit épousé les opinions.
Outré du peu d'intérêt que les gens de lettres prenoient à
ses querelles, il s'était fait un devoir de les taxer de scan-
dale et d'impiété. Il reprocha à l'auteur de l'*Esprit des
Loix* d'avoir suivi le sistême de Pope, dont il ne dit pas un
mot; il l'accusa de spinosisme et de déïsme, deux imputations contradictoires; il lui fit un crime d'avoir cité un
auteur payen tel que Plutarque, et de n'avoir point parlé
du péché originel; il prétendit que son ouvrage étoit une
production de la *Bulle Unigenitus,* etc. De pareilles imputations n'étant pas moins révoltantes qu'absurdes, il eût été
facile à Montesquieu de rendre odieux son antagoniste, il
se contenta de le rendre ridicule, et *la Déffense de l'Esprit
des Loix,* où la sagesse s'arme de décence, de gayeté et
d'ironie pour confondre la sottise, le mensonge et l'erreur,
doit être regardé comme un modèle du genre polémique.
Quoique la gloire de l'auteur puisse faire des sacrifices
sans s'apauvrir, un pareil ouvrage est trop précieux par
son originalité pour l'avoir passé sous silence; et s'il faut
tenir compte à l'inconsidéré nouveliste (2) du bien qu'il a
fait sans le vouloir, n'oublions pas que nous lui devons ce
petit chef-d'œuvre.

Après un triomphe aussi éclatant, la sottise confondue
resta dans le silence, et l'envie n'osa plus se montrer : elles
redoutoient de nouveaux coups. Quand elles n'eurent plus
rien à craindre d'un adversaire aussi redoutable, elles repa-
rurent, et bientôt elles empruntèrent cent plumes pour le
déchirer.

(1) Marat fait ici allusion à l'abbé de La Roche qui, dans les numéros des 9
et 16 octobre 1749 des *Nouvelles ecclésiastiques,* publia, au nom des Jansénistes,
une réfutation de l'*Esprit des Lois.* (V. Vian, *Histoire de Montesquieu,* p. 265.)

(2) *La Défense de l'Esprit des Lois* ne fut point écrite par Montesquieu
contre « *l'inconsidéré nouveliste* », mais pour répondre aux objections de la
Congrégation de l'Index, à Rome. (V. Vian, *loc. cit.,* p. 292 et sv.)

Il avoit essuyé les imputations de la superstition et
de l'envie; il essuya celles de l'ignorance et de la légèreté.
Aujourd'hui même la critique n'est pas désarmée : peut-
être ne le sera-t-elle jamais. Par quelle fatalité s'acharne-
t-elle ainsi après un ouvrage immortel ? A entendre les
déffenseurs de l'*Esprit des Loix* on croiroit qu'il y donne
prise : quelques-uns mêmes se sont efforcés de composer
pour l'auteur. Rendons plus de justice à ce grand homme. .
Les moins déraisonnables de ses censeurs peuvent être de
bonne foi; mais il n'est pas à leur portée. Voilà le mot de
l'énigme.

Assurément rien de plus humain que sa théorie, et de
plus solide que ses principes.

Ces raisonnemens toutefois sont toujours trop élevés
pour que certains esprits puissent y atteindre. Et comment suivront-ils l'auteur ? Ils parcourent son ouvrage à la
volée, ils en méconnoissent le plan, ils en ignorent jusqu'à
la langue.

Le reproche qu'ils lui font le plus souvent, c'est *d'avoir
mis le despotisme au nombre des gouvernemens légitimes.*

Peut-il entrer dans l'esprit qu'un philosophe tel que Montesquieu ait pris un change? Quoi ! de petits commenta-
teurs auroient senti que le despotisme, dont le nom seul
fait horreur, est l'abus de toute autorité, et le génie trans-
cendant qui dévoila la profonde politique du sénat de
Rome, qui développa toutes les institutions connues,
n'auroit pas vu cela? Mais ouvrés son livre, trop indiscrets
censeurs, et vous y (1) apprendrés « que le despotisme est
un gouvernement purement militaire, fondé par la force. »

Ils lui reprochent aussi d'avoir avancé *qu'il n'y a d'autres loix dans un État despotique que la volonté du tyran.*
Et pour prouver qu'il s'est trompé, ils parlent de quelques

(1) Chap. XIV du liv. 5.

6

coutumes religieuses que le Grand Seigneur est obligé
d'observer ; puis ils s'écrient : *Où est donc ce pouvoir absolu
qui ne connoît point de loix ?* S'ils avoient su réfléchir,
ils auroient senti que des coutumes religieuses ne sont pas
des loix ; et s'ils avoient su lire, ils auroient vu dans l'ouvrage même qu'ils ont osé critiquer, « que le gouverne-
» ment despotique ne se maintient que quand des circons-
» tances tirées du climat, de la religion, ou du génie des
» peuples, le forcent à suivre quelque ordre, à souffrir
» quelque règle. Sans doute l'empire qu'exerce une puis-
» sance qui s'est élevée au-dessus des loix n'est pas moins
» odieux qu'illégitime, et malheureusement pour le repos
» de la terre, les exemples n'en sont pas rares. Mais c'est
» une erreur de croire qu'il y ait dans le monde une auto-
» rité humaine à tous égards despotique ; il n'y en a jamais
» eu, et il n'y en aura jamais ; le pouvoir le plus immense
» est toujours borné par quelque coin. » Que penser de
leur critique ? C'est Montesquieu (1) lui-même qui dit cela.

Je ne dédaignerois pas le suivre plus loin, si d'autres
objections qu'ils lui ont faites n'avoient été répetées par
quelques auteurs de nom, qui ayant prétendu juger par la
lecture du moment d'un travail de vingt années (2), ont
prouvé à leur tour qu'ils n'avoient pas su lire. Ces objections, Messieurs, portent sur les principes des gouvernemens ; mais déjà vous m'avez prévenu.

Ne pouvant souffrir que l'auteur ait fait exclusivement de
la vertu celui des républiques, de l'honneur celui des monarchies, de la cruauté celui du despotisme ; ils prétendent
que tous ces principes réunis doivent se trouver dans cha-

(1) *Grandeur des Romains*, chap. XXII.

(2) En jetant un coup d'œil sur la préface de l'*Esprit des Loix,* on voit que
l'auteur avoit bien prévu l'ineptie des critiques, puisqu'il croyoit vaine la prière
qu'il faisoit à ses lecteurs de ne pas le juger avec précipitation. Au surplus, si
on examine toutes les objections faites contre cet excellent ouvrage, on en
trouvera à peine qui n'ait sa réponse directe dans l'ouvrage même.

que gouvernement. Mais en renversant ainsi tous les rapports et confondant toutes les idées, ils ont fait voir qu'ils
n'avoient aucune notion des choses dont ils s'érigeoient
en juges; car le principe de chaque gouvernement doit
être tiré de la constitution même. Pour le saisir, il suffit
de se représenter l'État au moment de sa formation, et de
voir l'esprit dont ses fondateurs étoient animés : c'est cet
esprit qui fait le principe du gouvernement. Or ce fut la
vertu politique (1) ou si l'on veut l'amour de l'égalité qui
forma la démocratie; ce fut l'amour de l'égalité parmi les
chefs d'une association qui forma l'aristocratie ; ce fut
l'honneur, cet amour de l'estime, cette soif des distinctions,
qui forma la monarchie; et ce fut la terreur ou la crainte
qui forma le despotisme. Le principe de l'institution peut
donc seul la maintenir. Ainsi chaque gouvernement a un
principe propre et essentiel. Lui en attribuer un autre,
c'est lui en attribuer un qui, non-seulement lui est étranger,
mais qui ne peut lui convenir. Comment la crainte seroit-
elle celui d'une démocratie? Les membres de l'État en
sont les souverains. Et comment l'amour de l'égalité
seroit-il d'un État monarchique ou d'un État despotique ?
Ces États sont fondés sur l'inégalité. Donner à un gouvernement un autre principe que celui qui lui est propre, c'est
vouloir que ses fondateurs n'ayent pas été animés par l'esprit qui les animoit. Aussi le gouvernement dégénère-t-il
à l'instant où son principe vient à s'altérer. Vérités d'une
évidence géométrique, que l'auteur a si bien développées
pour ceux qui pensent, mais dont ses censeurs ne se dou-
toient pas (2).

(1) C'est toujours ce que l'auteur entend par vertu. Voyez sa préface dans la
nouvelle édition de l'*Esprit des Loix*.
(2) Prétendre, comme quelques auteurs l'ont fait, que les vertus morales
sont le principe de tous les gouvernemens, c'est prétendre que tous les peuples
de la terre sont composés de saints, d'hommes associés pour tendre à la perfection.

Enfin, ils ont reproché à l'*Esprit des Loix* un déffaut de méthode ; reproche moins ridicule, mais non moins fondé. Les différentes parties de ce traité de législation ont différens rapports entr'elles. Les mêmes objets doivent donc revenir quelquefois dans le cours de l'ouvrage. Et peut-on se flatter de l'avoir entendu, quand on n'a pas vu cela ? Mais ces rapports n'étant pas tous également étroits, leur connexion n'est pas toujours des plus sensibles. D'ailleurs, l'auteur ayant ménagé peu de transitions, et le passage d'une idée à une autre n'étant pas toujours nuancé, la méthode qui y règne est peu frappante : il faut quelque attention pour la sentir.

Au reste, loin de reprocher à l'*Esprit des Loix* de manquer de méthode, quand on considère la vaste étendue du plan de cet ouvrage, l'étonnante variété des matières qu'il embrasse, l'immensité des lectures qu'il suppôse, on n'est plus étonné que de l'ordre qui y règne. Ainsi, tandis que de ridicules censeurs s'épuisent en critiques sur l'*Esprit des Loix*, le sage prend le livre et joint les mains d'admiration.

Mais quoi ! une réfutation dans un éloge ? N'en doutez pas, Messieurs, elle étoit indispensable : c'est rendre à la gloire de l'auteur tout son lustre, que de rendre à son principal ouvrage toute la perfection que l'ignorance présomptueuse a voulu lui faire perdre.

Tandis que des écrivains sans nom se tourmentoient à chercher dans l'*Esprit des Loix* des déffauts qui n'y sont pas ; les écrivains du premier mérite n'y voyoient que les beautés en tout genre dont il brille ; et l'estime publique s'empressa de faire oublier à l'auteur les petits désagrémens que l'éclat de sa réputation lui avoit attirés.

Parmi tant de témoignages flatteurs qu'il en reçut, en voicy qui ne sont pas équivoques :

M. de La Tour (1), artiste distingué par la supériorité de
son talent, désiroit donner un *nouveau* lustre à son pinceau, en transmettant à la postérité le portrait de l'auteur
de l'*Esprit des Loix*. Glorieuse satisfaction, longtemps
sollicitée avec ardeur, et à laquelle le mérite modeste se
refusa toujours.

Peu de temps après, M. d'Acier (2), fameux par les mé-
dailles qu'il a données de plusieurs hommes célèbres, vint
de Londres à Paris pour frapper celle de Montesquieu.

D'abord il éprouva la même résistance : plus adroit que
La Tour, il sut en triompher par une saillie (3).

Mais si quelque chose étoit fait pour flatter Montesquieu, c'étoit la vénération des étrangers. Les Anglais,
mêmes, ces fiers insulaires, si jaloux de leurs avantages, et
si peu disposés à reconnoître en nous quelque supériorité,
n'ont fait encore qu'une exception, et cette exception est
en faveur de l'auteur de l'*Esprit des Loix*. Oui, Messieurs,
plus d'une fois il fut cité dans le Parlement d'Angleterre,
plus d'une fois il y fit autorité.

Quelle que soit la vénération des sages pour ce grand
homme, je ne sais si elle n'est encore au-dessous de son
mérite, ne craignons pas de le dire ; lorsqu'il développe les
ressorts cachés qui font mouvoir le monde politique, il
est l'image d'une intelligence supérieure ; mais lorsqu'il
emploie ses talens à tracer aux hommes des lois faites
pour assurer leur repos, et à les conduire au bonheur par
la raison, il est l'image de la Divinité.

L'importance des ouvrages dont nous avons parlé ne
doit pas nous faire passer sous silence quelques opus-

---

(1) D'après Risteau, cité par M. Vian, p. 389 et sv., Latour ne fit jamais son
portrait.

(2) Dassier, et non d'Acier. (V. M. Vian, *loc. cit., ibid.*)

(3) Croyez-vous, répliqua-t-il à Montesquieu, qu'il n'y ait pas autant d'orgueil à refuser la proposition qu'à l'accepter ? » — Cette anecdote n'est pas
citée par M. Vian. (*Loc. cit., ibid.*)

cules, qui auroient suffi à la gloire d'un autre. Tels sont :

Lisimaque, morceau précieux, où, tout en donnant d'importantes leçons aux princes qui oublient ce que les fit la nature, et ce que les peuples ont fait pour eux, il peint la vanité et la fureur d'Alexandre, la grandeur d'âme de *Calisthène*, et le beau naturel de *Lisimaque; Lisimaque*, portrait d'un bon roy, père de son peuple, et chéri de ses enfans.

Le dialogue de *Scylla*, où il dévoile les replis les plus cachés de l'âme de cet homme extraordinaire, qui confondit la tyrannie, l'anarchie et la liberté, dont toutes les actions furent marquées au coin de la singularité, et pour qui la vie n'eut de prix qu'autant qu'il put se donner en spectacle à l'univers.

Enfin l'*Essay sur le Goût*, où il dévoile en maître les facultés de l'âme, analyse les opérations de l'esprit, et va chercher la source du beau et de l'agréable dans les différentes causes du plaisir. Quoique cet opuscule ne soit qu'une esquisse, on y voit partout un métaphysicien profond, un littérateur distingué, un amateur judicieux de la belle antiquité, et un juge exquis des beaux-arts.

Nous avons vu l'observateur, le littérateur, le métaphysicien, le phylosophe, le législateur; reste à examiner l'écrivain.

Quelques auteurs peuvent avoir eu un aussi riche fond de connoissances; mais aucun n'eut des connoissances aussi variées ou aussi bien assorties, et aucun ne sut mieux en tirer parti. Il semble que la nature ait pris plaisir à réunir en lui les qualités qu'elle n'accorde que séparément aux autres hommes : sensibilité, imagination, jugement, goût, esprit, génie; les qualités mêmes qui paroissent s'exclure : l'ingénuité et la finesse, la légèreté et la profondeur, la suavité et l'énergie.

Chacune brille tour à tour dans ses écrits. Celle dont ils

tirent principalement leur caractère se reconnoît sans effort; mais elles forment toutes une si heureuse harmonie, et elles se prêtent mutuellement tant de relief, que s'il falloit en sacrifier une seule, on seroit d'abord assez embarrassé du choix.

Montesquieu ne s'essaya point dans des différens genres. Il se borna à un seul : c'est toujours de l'homme dont il est question dans ses ouvrages. On s'attendroit à y trouver de la monotonie; mais quelle variété de caractère il a su leur donner ! Il lui suffit de considérer le même sujet sous un différent point de vuë pour offrir un ouvrage nouveau. En les parcourant, le lecteur passe de surprise en surprise, dans tous il subjugue les esprits par l'admiration; dans tous il maîtrise les cœurs par le plaisir. Et tel est l'attrait qui captive l'âme, qu'après avoir ouvert le livre on ne peut plus le quitter : on ne le lit point, on le dévore; l'a-t-on fini, on voudroit le recommencer. Cet attrait si puissant vient surtout de ce que l'auteur avoit profondément médité sa matière.

Les ouvrages sont si forts de choses, qu'une analyse suivie de chacun deviendroit plus volumineuse que l'ouvrage même; tant étoit féconde la source de ses idées, qu'elles y sont presque toujours jettées en masse. Aussi au *Temple de Gnide* près, et à la partie fictive des *Lettres Persanes*, ces ouvrages ne sont pas des livres à lire, mais des livres à étudier.

Chez lui, l'imagination avoit beaucoup de feu; mais elle fut toujours subordonnée au jugement.

Deux fois elle prit l'essor, et fut se produire sur différens caractères. Vive et enjouée dans les *Lettres Persanes*, elle est douce et riante dans le *Temple de Gnide*.

Toujours noble, toujours décente, toujours chaste, lors même que le sujet permet le plus de liberté, elle se contente de soulever un coin du voile pour faire entrevoir

son objet; ou si quelquefois elle le lève entièrement, c'est
avec tant de délicatesse, que la pudeur même ne sauroit
s'alarmer. Pour peindre la douce ivresse d'un amant,
dans un de ces momens heureux où il ose tout entreprendre, écoutez comme elle le fait (1) parler : « Où
» croyez-vous que je trouvai l'amour? Je le trouvai sur
» les lèvres de Themire; je le trouvai ensuite sur son
» sein : il s'étoit sauvé à ses pieds; je l'y trouvai encore : il
» se cacha sous ses genoux; je le suivis, et je l'aurois tou-
» jours suivi, si Themire toute en pleurs, Themire irritée
» ne m'eût arrêté. Il étoit à sa dernière retraite : elle est si
» charmante qu'il ne sauroit la quitter. C'est ainsi qu'une
» tendre fauvette, que la crainte et l'amour retiennent sur
» ses petits, reste immobile sous la main avide qui s'ap-
» proche et ne peut consentir à les abandonner. »

Ne croiriez-vous pas, Messieurs, entendre Anacréon;
cette imagination si douce, si tendre, si délicate, pouvoit
prendre un vol hardi. A peine paroît-elle dans l'*Esprit des
Loix* et les *Considérations sur la Grandeur des Romains*;
mais lorsqu'elle s'y montre, c'est par des traits de flamme,
semblable à un astre radieux dont l'éclat éblouit.

Quand elle peint Mitridate après ses défaites, ce roy si
magnanime dans les revers, c'est sous l'image d'un lion
regardant ses blessures; aussi elle n'en est que plus indi-
gnée (2).

Quand elle peint les loix féodales, c'est sous l'image
d'un chêne antique dont l'œil aperçoit de loin le feuillage,
la tige de près; mais dont il ne peut voir les racines
qu'en perçant la terre (3).

Quand elle peint (4) le despotisme, c'est sous l'emblême

(1) Fin du *Temple de Gnide.*
(2) *Grandeur des Romains.*
(3) *Esprit des Loix,* liv. 3, chap. XI.
(4) *Esprit des Loix,* liv. 5, chap. XIV.

des sauvages de la Louisianne qui coupent l'arbre au pied pour en cueillir le fruit.

Que de traits paroissoient nécessaires simplement pour ébaucher ce tableau! Et il sut l'achever en un seul.

La sensibilité de Montesquieu étoit très vive. Voyés son *Temple de Gnide*, la naïveté du sentiment y est rendue avec tout le charme de la nature; et dans ses *Lettres Persanes*, l'amour, la jalousie, la fureur, le désespoir sont peints en traits de feu.

Si sa sensibilité avoit beaucoup d'énergie, elle n'étoit pas pourtant extrême; comme son imagination, jamais elle ne l'entraîna dans le moindre écart.

Montesquieu possédoit singulièrement le talent de dire les choses les moins reçuës avec une délicatesse extrême. Les expressions les plus heureuses semblent s'offrir d'elles-mêmes à sa plume, mais toujours choisies, toujours placées par le goût le plus exquis; elles prennent une tournure pittoresque qui, unissant la simplicité de la nature au piquant de la fiction, cause un plaisir enchanteur. En voicy quelque traits :

Il s'agissoit de rendre raison de la clôture des femmes que nécessite la polygamie, et il dit : « L'ordre domestique le demande ainsi; un débiteur insolvable cherche à se mettre à l'abri des poursuites de ses créanciers (1).

Quelquefois, c'est en cachant sous un style figuré la chose la plus commune qu'il enchante : « O ciel! s'écrie Zaché (écrivant du sérail à Usbec) (2), un barbare m'a outragée jusques dans la manière de me punir! il m'a infligé ce châtiment qui commence par alarmer la pudeur; ce châtiment qui met dans une humiliation extrême; ce châtiment qui ramène pour ainsi dire à l'enfance. »

(1) *Esprit des Loix*, liv. 16, chap. VIII.
(2) Lettre 157.

D'autres fois il lui suffit de l'expression la plus simple pour réveiller une foule d'idées piquantes, conserver un air de naïveté, et avoir un charme indicible désigné par le *je ne sais quoi.*

Pour prouver qu'il ne faut point faire de changement dans une loi sans raison suffisante, il cite (1) Justinien, « qui ordonna qu'un mari pourroit être répudié, sans que la femme perdît sa dot, si pendant deux ans il n'avoit pu consommer le mariage. » Puis il ajoute : « Il changea sa loi et donna trois ans au *pauvre malheureux.* Mais dans un pareil cas, deux ans en valoient trois, et trois n'en valoient que deux. »

Dans les bras des deux hommes divins, Zulema, succombant à ses transports, demande grâce à l'amour : « Après plusieurs commandemens réitérés, elle fut obéïe ; mais elle ne le fut que lorsqu'elle voulut l'être bien sérieusement (2). »

Chez lui, le goût ne se borne pas à quelques objets particuliers ; il s'étend à tout, parce que tout en est susceptible.

Sachant que la vérité nuë ne plaît qu'aux sages, et que pour plaire à la multitude elle a besoin d'être voilée, souvent même d'être cachée sous des fleurs, il commence par adoucir la force de ses traits pour la rendre plus touchante, puis il l'accompagne des grâces de l'esprit pour achever de subjuguer les cœurs.

Ainsi, embéllissant la raison pour lui donner plus d'empire, il veut qu'un ouvrage destiné à l'instruction soit agréable, et partout il a soin de racheter la sécheresse de la matière par l'attrait des ornemens.

Je ne puis me refuser au plaisir de faire connoître, par quelques exemples, sa manière enchanteresse. Avant de

(1) *Esprit des Loix,* liv. 29, chap. **XVI.**
(2) **Lettre 141.**

s'élever contre la torture, il feint de vouloir l'examiner sous certains rapports, et voici comme il s'exprime : « Tant d'habiles gens et tant de beaux génies ont écrit contre cette pratique, que je n'ose parler après eux ; j'allois dire qu'elle pourroit convenir dans les gouvernemens despotiques, où tout ce qui inspire la crainte entre dans les ressorts du gouvernement. J'allois dire que les esclaves chez les Grecs et chez les Romains... Mais j'entends la voix de la nature qui crie contre moi (1). »

Après avoir réfuté deux différens systèmes sur la monarchie des François, dont l'un semble être une conjuration contre le Tiers-État, l'autre une conjuration contre la noblesse ; il ne perd point le temps à de longues réflexions, un trait indirect lui suffit, et il le trouve dans les avis du Soleil à Phaëton, lorsqu'il lui donna son char à conduire. Belle leçon cachée sous des fleurs !

C'est l'invocation à Vénus par Lucrèce, qui forme le début du XXIIIᵉ livre de l'*Esprit des Loix*. L'auteur y traite de la population ; Vénus est l'emblême de la fécondité : se pouvoit-il un début à la fois plus convenable et plus riant ?

Jamais auteur ne sut mieux prendre le ton de son sujet.

A la clarté et à la pureté réunissant toujours l'élégance, il est animé, léger et piquant dans les *Lettres Persanes* ; naïf et fleuri dans le *Temple de Gnide* ; nerveux, rapide et sublime dans la *Grandeur des Romains* ; noble et harmonieux dans l'*Esprit des Loix* ; simple, léger dans la défense de l'*Esprit des Loix*. Mais dans tous ces ouvrages, son style a encore des caractères particuliers qui sautent aux yeux du connoisseur. Quelquefois il manque de nombre et paroît marcher par bonds, par saillies ; mais toujours d'une rapidité prodigieuse et d'un laconisme admirable, il

(1) *Esprit des Loix,* liv. 6, chap. XVI.

est encore dégagé de presque toutes les figures de la rhéto-
rique ; vains ornemens que prodigue l'écrivain médiocre
et dont les grands écrivains sont avares. Montesquieu le
premier trouve le secret d'être plein de feu sans leurs
secours, mais de ce feu qui vient du sentiment ; j'ajouterai
de la réflexion et de l'imagination, car sous sa plume,
chaque expression fait image, et c'est bien pour lui que le
talent d'écrire est celui de peindre la pensée.

Demandés à nos beaux esprits une définition de la
galanterie ; ils vont vous innonder d'un déluge de vaines
paroles ; mais Montesquieu vous dira en deux mots (1) :
« Ce n'est point l'amour, mais le délicat, mais le léger,
mais le perpétuel mensonge de l'amour. »

Au talent difficile de bien peindre les choses, il joignoit
le talent plus difficile de bien peindre les hommes, ou
plutôt personne ne les posséda comme lui. Pour frapper
un caractère, souvent il n'employe qu'un trait, et ce trait
dit tout. Voyez les portraits d'Annibal et Mitridate (2),
ceux de César et de Pompée (3), ceux de Cicéron et de
Caton (4), ceux de Trajan et de Caracalla (5), ceux de
Charles-Magne et de Louis le Débonnaire (6) : quelle
vérité ! quelle vie !

Oui, tant que le génie aura des admirateurs parmi nous,
ils passeront pour des modèles achevés.

Mais il savoit peindre les peuples comme les individus.
Et qui jamais réussit mieux à tracer dans un petit cadre les
grandes scènes du monde politique ?

Quand il parle de la législation de Sparte, avec quelle

(1) *Esprit des Loix*, liv. 28, chap. XXII.
(2) *Considérations sur la Grandeur*, etc., chap. V et VII.
(3) *Considérations sur la Grandeur*, etc., chap. XI.
(4) *Considérations sur la Grandeur*, etc., chap. XII.
(5) *Considérations sur la Grandeur*, etc., chap. XV et XVI.
(6) *Esprit des Loix*, liv. 31, chap. XVIII et XX.

rapidité il en dévoile tout le sistéme (1). « *Lycurgue* mêlant le larcin avec l'esprit de justice, le plus dur esclavage avec l'extrème liberté, les sentimens les plus atroces avec la plus grande modération; donnoit de la stabilité à sa Ville. Il sembla lui ôter toutes les ressources, les arts, le commerce, l'argent, ses murailles : on y a de l'ambition, sans espérance d'être mieux; on y a les sentimens naturels, et on n'y est ni enfant, ni mari, ni père ; la pudeur même est ôtée à la chasteté. C'est par ces chemins que *Sparte* est conduite à la grandeur et à la gloire. »

Quand il parle des funestes suites de l'esprit de conquête des Romains, quel tableau (2) ! « C'est ici qu'il faut se donner le spectacle des choses humaines. Qu'on voye dans l'histoire de Rome, tant de guerres entreprises, tant de sang répandu, tant de peuples détruits, tant de grandes actions, tant de triomphes, tant de politique, de sagesse, de prudence, de constance, de courage; ce projet d'envahir tout, si bien formé, si bien soutenu, si bien fini; à quoi aboutit-il, qu'à assouvir le bonheur de cinq ou six monstres? Quoi! ce Sénat n'avoit fait évanouir tant de rois, que pour tomber lui-même dans le plus bas esclavage de quelques-uns de ses plus indignes citoyens, et s'exterminer par ses propres arrêts ? On n'élève donc la puissance que pour la voir mieux renverser? Les hommes ne travaillent à augmenter leur pouvoir, que pour le voir tomber contre eux-mêmes dans de plus heureuses mains? »

Avec un talent aussi rare, on conçoit bien qu'il eût fait un admirable historien, et dans ce genre encore, il n'eût point eu de rivaux, il eût effacé Tacite même. Ici, Messieurs, quels regrets viennent suspendre le cours de nos réflexions : Montesquieu a manié les pinceaux de l'histoire ;

(1) *Esprit des Loix,* liv. 4, chap. VI.
(2) *Grandeur des Romains,* etc., chap. XV.

il a peint l'âme de Louis XI, sa sombre politique, ses noirs
attentats et les grands événemens d'un règne auquel ce
monarque eut personnellement tant de part. Annales in-
téressantes, où la vérité puisée à sa source se montroit
toute entière. Que d'observations utiles, que de sages
leçons, que de beautés en tous genres ornoient et enri-
chissoient ce tableau! Elles sont perdues pour toujours;
le feu a détruit ce précieux monument.

Enfin, Messieurs, car je ne dois rien omettre de ce qui
caractérise cet illustre écrivain, Montesquieu avoit infini-
ment de gayeté dans l'esprit, principe fécond de ces traits
innattendus par lesquels il échappe toujours au lecteur.

Je n'en citeroi qu'un seul. En relevant les abus de la
juridiction ecclésiastique il dit (1) : « On ne pouvoit pas
coucher ensemble la première nuit des Noces, ni même
les deux suivantes, sans en avoir acheté la permission. »
Puis il ajoute : « C'étoit bien ces trois nuits-là qu'il falloit
choisir; car pour les autres on n'auroit pas donné beaucoup d'argent. » Qui s'attendoit à cette réflexion ?

La gayeté de l'auteur avoit moins sa source dans un heureux tempéramment que dans ce coup d'œil rapide qui
pénètre les cœurs et en éclaire les replis les plus cachés;
dans ce coup d'œil ferme qui embrasse à la fois une multitude de rapports, toujours si nécessaires pour apprécier
les choses à leur juste valeur ; fixer sans être ébou le faux
éclat de la pompe, du faste, de la puissance; juger les
hommes et faire ressortir leurs vices, leurs déffauts, leurs
ridicules. Il eût été caustique, si un sage pouvoit l'être :
mais s'il connoissoit les imperfections de l'humaine nature,
il connoissoit aussi la fragilité. Censeur indulgent, chez
lui la satyre amère se tourne en douce ironie. Bientôt
armée de mille traits, elle perce dans ces écrits pour ins-

(1) *Esprit des Loix*, liv. 28, chap. XXXXI.

truire, pour corriger, pour plaire; et du charme qu'elle
sait y répandre, résulte un caractère inimitable d'originalité.

Voyez la préface du *Temple de Gnide*. A peine a-t-il
relevé avec une vivacité simulée le pédantisme des critiques qui s'élevoient contre ce charmant opuscule, qu'il
change tout à coup de ton, pour faire le procès aux vains
auteurs. « Si les gens graves désiroient de moi quelqu'ouvrage moins frivole, je suis en état de les satisfaire, il
y a trente ans que je travaille à un livre de douze pages,
qui doit contenir tout ce que nous savons sur la métaphy-
sique, la politique et la morale : et tout ce que de très
grands auteurs ont oublié dans les volumes qu'ils ont
publiés sur ces matières. »

Le même enjouement se retrouve quelquefois dans les
sujets les plus sérieux. Après avoir fait sentir quelque part (1)
combien les trois puissances commerçantes de l'Europe
sont intéressées à la défense de l'empire Ottoman, il
ajoute : « C'est leur félicité que Dieu ait permis qu'il y ait
dans le monde des Turcs et des Espagnols, les hommes du
monde les plus propres à posséder inutilement un grand
Empire. » Chacune de ses productions a un caractère particulier, qui attache certaine classe de lecteurs : de la sorte
réunissant tous les suffrages, il est également goûté, et de
ces âmes légères que la pensée fatigue, et de ces âmes
froides que les saillies ne peuvent émouvoir, mais surtout
des penseurs, dont il est l'ydole. Or rien ne montre mieux
l'étendue de ses talens.

On pourroit croire qu'il étoit trop gai pour réussir dans
le genre sombre et terrible : peut-être ira-t-on jusqu'à vouloir le prouver. J'avoue qu'il semble l'avoir évité avec
assez de soin, et que dans les sujets qui prétoient le plus

(1) *Grandeur des Romains*, etc., chap. **XXIII.**

aux grands mouvemens de l'éloquence, il a même préféré l'ironie au pathétique.

Dans sa remontrance aux (1) inquisiteurs d'Espagne, il pouvoit faire retentir les longs et sourds gémissemens du désespoir, peindre des plus noires couleurs les fureurs atroces du fanatisme, et réclamer avec de saints transports les droits sacrés de la nature. Rien de tout cela, c'est un modèle de douceur, de style simple et naïf.

Et (2) l'ordonnance sur l'avidité des Courtisans! Croiroit-on qu'indigné des libéralités immenses que les princes versent sur eux, et toujours aux dépens des peuples, il eût pris un ton aussi léger?

Mais c'est ici que l'étonnement redouble. Il s'agissoit de plaider la cause des Nègres, cette malheureuse partie du genre humain, depuis si longtemps sacrifiée à l'avarice et à la cupidité d'une poignée de colons. Jamais sujet ne prêta plus au pathétique; mais écoutez l'auteur (3) :

« Si j'avois à soûtenir le droit que nous avons eu de rendre les Nègres esclaves, voici ce que je dirois :

» Le sucre seroit trop cher, si l'on ne faisoit travailler la plante qui le produit par des esclaves.

» Ceux dont il s'agit sont noirs des piés jusqu'à la tête, et ils ont le nés si écrasé, qu'il est presque impossible de les plaindre.

» On ne peut se mettre dans l'esprit que Dieu qui est un Être très sage ait mis une âme, surtout une âme bonne, dans un corps tout noir.

» Il est si naturel de penser que c'est la couleur qui constitue l'essence de l'humanité, que les peuples d'Asie qui font des eunuques, privent toûjours les noirs du rapport qu'ils ont avec nous d'une façon plus marquée.

(1) *Esprit des Loix*, liv. 25, chap. XIII.
(2) Lettre 124.
(3) *Esprit des Loix*, liv. XV, chap. V.

» Une preuve que les Nègres n'ont pas le sens commun, c'est qu'ils font plus de cas d'un collier de verre que de l'or, qui chez les nations policées est d'une si grande conséquence.

» Il est impossible que nous supposions que ces gens-là soient des hommes, parce que si nous les supposions des hommes on commenceroit à croire que nous ne sommes pas nous-mêmes chrétiens.

» De petits esprits exagèrent trop l'injustice que l'on fait aux Africains, car si elle étoit telle qu'ils le disent, ne seroit-il pas venu dans la tête des princes d'Europe, qui font entr'eux tant de conventions inutiles, d'en faire une générale en faveur de la miséricorde et de la pitié. »

Quoi donc, se demande le lecteur interdit, est-ce là le ton du sujet et sont-ce là les accents de l'indignation? De frivoles censeurs, accoutumés à sacrifier un ami à un bon mot, ont attribué ce ton ironique à la gayeté de l'auteur, qui lui inspiroit des saillies qu'il n'avoit pas la force de rejeter.

Hommes vains, pouviés-vous le croire? Lui qui ne vit jamais couler les larmes d'un malheureux sans en être attendri, auroit donc vu sans pitié le sort affreux de tant d'innocentes victimes! Lui qui n'abandonna jamais une parole qui pût être amère au dernier des humains, auroit donc insulté au malheur de ces opprimés! Il lui en coûta sans doute de prendre ce ton qui vous étonne, et s'il put s'y résoudre, c'est que la vertu lui en fit une loi. Il savoit que la manière la plus sûre de faire sentir l'odieux d'un injuste empire est de montrer le ridicule des raisons dont on l'étaye. Avec ce rire amer, que vous condamnés stupidement, voyés comme il arrache tout prétexte à notre tyrannie. Eh! quel homme sensé oseroit encore la justifier? Mettés à côté de ce morceau sublime un discours pathétique, fût-il de Demosthène, qu'il sera faible auprès de celui-là!

Seroit-il maintenant besoin d'observer que dans l'ordonnance sur l'avidité des courtisans, l'auteur n'avoit pas
d'autre ton à prendre que celui qu'il a pris ? C'est en riant
qu'il pouvoit reprendre des hommes qui ne redoutent que
l'opinion.

. Quant à la remontrance aux inquisiteurs d'Espagne, son
dessein n'étoit pas d'étonner l'imagination, mais de toucher
le cœur, si toutefois celui d'un inquisiteur pouvoit s'ouvrir
à la pitié. Ainsi tous ces morceaux où l'enjouement paroit
d'abord déplacé, sont autant d'exemples de la finesse, du
tact de l'auteur.

C'est le sort de Montesquieu, de toujours triompher des
attaques de la critique. Ici, elle n'a pas seulement assuré
sa gloire, elle l'a relevée : elle vouloit borner ses talens,
et elle n'a pu qu'ajouter à la sublimité du phylosophe,
sans rien ôter à l'élévation de l'auteur. Rien ne prouve
donc qu'il n'eût pas réussi dans le sombre et le terrible.
Pour composer dans ce genre, un esprit naturellement fort
gai, est sans cesse obligé de se faire violence, et dans cette
contrainte perpétuelle, le naturel se perd, le génie s'éteint.
Mais l'enjouement de Montesquieu, je le répète, n'étoit
pas un penchant irrésistible de la nature, c'étoit le ton
d'une sagesse consommée, et jamais il ne la substitua
au pathétique que lorsqu'il voulut produire de grands
effets.

Je n'ignore pas qu'il n'est point de génie universel : il
en coûteroit cependant à mon cœur de mettre des bornes
aux talens de Montesquieu, qu'on juge si je consentiroi à
les dégrader contre toute justice. Oui, Messieurs, n'en dou-
tés pas, Montesquieu étoit un grand maître dans l'art
d'émouvoir les passions, d'inspirer la pitié, d'exciter la
terreur. Où croyés-vous que j'en trouve la preuve? Dans
son ouvrage le plus léger, dans celui où la gayeté pétille à
chaque page : C'est là qu'il a déployé son talent pour

le (1) pathétique, comme s'il s'étoit plu à y réunir les con-
traires pour confondre ses lecteurs.

Jusqu'ici, nous avons considéré les titres de Montesquieu
à l'admiration de ses semblables ; considérons ses titres à
leur respect.

Est-il besoin de dire que sa passion dominante étoit
celle des belles âmes, l'amour de la gloire ? Personne n'y
étoit plus sensible ; mais il vouloit la mériter. Trop grand
pour s'abaisser à ce petit manège auquel tant d'auteurs de
nos jours doivent leur réputation éphémère ; il ne négligea
pourtant pas les moyens de réussite que prescrit la sagesse,
car les sages, comme les héros, sont quelquefois les arti-
sans de leur fortune. Or il connoissoit trop bien le monde
pour ignorer quelle influence un premier pas a souvent
sur le cours entier de la vie, et il connoissoit trop bien sa
nation pour ignorer combien il est important de s'annon-
cer avec éclat. Ainsi, au lieu de débuter par quelque ouvrage profond qui n'auroit été lu que par un petit nombre
de phylosophes, si peu sujets à se passionner, il débuta par un
ouvrage charmant, fait pour plaire à tous lecteurs de goût.
Aux doux murmures des éloges d'une multitude enchantée,
il suivit le cours du destin prospère, et il assura son
triomphe par un nouvel ouvrage, destiné à faire les délices du beau sexe et des jeunes gens, dont l'enjouement
est toujours si vif, et dont trop souvent parmi nous les
acclamations dispensent la renommée.

Après avoir enchaîné par le plaisir tous les suffrages, sûr
désormais d'exciter la plus vive curiosité pour tout ce qui
sortiroit de sa plume, il travailla à loisir à des ouvrages
qui ne devoient plus avoir pour juges qu'un petit nombre

(1) Jetés surtout les yeux sur les derniers articles des lettres 155e et 160e.
Les traits que caractérisent l'aveugle fureur et la douleur profonde feroient
bien plus d'impression encore, s'ils se trouvoient appliqués à un sujet noble et
majestueux.

de lecteurs instruits. Ainsi la gloire, dont la soif précipite
si souvent les grands hommes à la célébrité, à travers les
obstacles, la jalousie, la haine, les dégouts, les humilia-
tions, Montesquieu l'a connue, mais il n'en connut guère
que les douceurs; le piquant de son esprit avoit servi de
sauvegarde à l'élévation de son génie. Il avoit imposé
silence à l'envie par la crainte du ridicule; il la subjugua
ensuite par l'admiration.

La gloire, qui déjà ne pouvoit plus lui échapper, sem-
bloit seule suffire à son cœur. Digne des distinctions les
plus honorables, il n'en sollicita jamais aucune. Peut-être
avoit-il réduit à leur juste valeur ces talismans de la vanité
humaine, dont le peuple de tous les rangs se laisse si
sottement éblouir. Peut-être encore avoit-il été révolté de
la bassesse dont ils sont si souvent le prix. Soit dédain,
soit phylosophie, il parut s'oublier lui-même; mais il se fit
un devoir de protéger à la cour des hommes de lettres
persécutés, et de demander des grâces pour des hommes
de mérite malheureux.

Quoiqu'il aimât la société, il savoit s'en passer, et c'étoit
toujours avec un nouveau plaisir qu'il alloit à sa terre
chercher la solitude et le repos. Là, partageant son loisir
entre ses livres et les habitans de la campagne, il étudioit
l'homme dans ces âmes simples que la nature seule semble
former, comme il l'avoit étudié dans le commerce des gens
du monde et dans l'histoire des nations. Ne pouvant les
élever jusqu'à lui, il s'abaissoit jusqu'à eux, il leur cherchoit de l'esprit; mais il ne paraissoît jamais se plaire
davantage parmi eux que lorsqu'il terminoit leurs différens ou qu'il soulageoit leur misère.

Ici, Messieurs, je voudrois déployer à vos yeux les principaux traits d'une vie consacrée à la bienfaisance. Que
d'actions généreuses, dignes de vivre à jamais dans le sou-
venir des hommes! Mânes bienheureuses du vertueux

Secondat, soufrés du moins que je lève un coin du voile
dont il les couvrit, pour en rappeler une seule que le hasard
jaloux de sa gloire a mise au grand jour : mais je la rappel-
lerai avec quelques circonstances dont elle tire tant de
prix. Un jeune homme, nommé Robert, attendoit, sur le
rivage de Marseille, que quelqu'un rentrât dans son bate-
let. Un inconnu s'y place pour y faire quelques tours du
bassin et jouir de la fraîcheur de la soirée. Surpris de ne
pas trouver dans son conducteur l'air et les manières d'un
marinier, il apprend que Robert n'est effectivement pas
marinier, mais qu'il en fait le métier les fêtes et les diman-
ches pour gagner plus d'argent.

— Quoi, avare, à votre âge ! Cela dépare votre jeunesse,
et diminue l'intérêt qu'inspire d'abord votre heureuse
physionomie. — Ah ! Monsieur, si vous saviés pourquoi
je désire si fort de gagner de l'argent, vous n'ajouteriés
pas à ma peine celle de me croire d'un caractère si bas. —
J'ai pu vous faire tort, mais vous ne vous êtes pas expli-
qué ; faisons notre promenade, et contés-moi vos chagrins,
vous m'avés disposé à y prendre part. — Je n'en ai qu'un,
celui de voir mon père dans les fers sans pouvoir l'en tirer.
Il étoit courtier dans cette ville, et s'étoit procuré un intérêt
sur un vaisseau chargé pour Smïrne ; il a voulu veiller
lui-même à l'échange de sa pacotille ; le vaisseau a été pris
par un corsaire et conduit à Tetüan, où mon malheureux
père est esclave avec le reste de l'équipage. Il faut deux
mille écus pour sa rançon : mais comme il s'étoit épuisé
pour son entreprise, nous sommes bien loin d'avoir cette
somme. Cependant nous nous sommes retranchés, jusque
sur les besoins de première nécessité ; ma mère et mes
sœurs travaillent nuit et jour, j'en fais de même, et je
cherche encore à mettre à profit les fêtes, comme vous
voyés. Croyant d'abord qu'il me seroit possible de me
charger des fers de mon père, j'étois prêt à exécuter ce

dessein, lorsque ma mère, qui en fut instruite je ne sais
comment, fit défendre à tous les capitaines du Levant de
me prendre sur leur bord. — Et recevés-vous quelquefois
des nouvelles de votre père? Savés-vous quel est son patron
à Tetüan, quels traitements il y éprouve ? — Son patron
est intendant des jardins du roy, on le traite avec humanité, et les travaux auxquels on l'employe ne sont pas
au-dessus de ses forces : mais il est éloigné du sein de sa
famille, et nous ne sommes pas là pour le consoler. — Quel
nom porte-t-il à Tetüan ? — Il n'en a point changé. Il s'y
nommait Robert. — Robert, chez l'intendant des jardins.
— Oui, Monsieur. — Votre malheur me touche, mais
d'après vos sentimens qui le méritent, j'ôse vous présager
un meilleur sort, et je vous le souhaite bien sincèrement.

Sa grande âme est émüe ; et s'il interrompt cet entretien, c'est pour réfléchir aux mesures les plus propres à
rendre bientôt la joye à cette famille honnête.

Lorsqu'il fut nuit, Robert eut ordre d'aborder ; l'inconnu,
en sortant du bateau, lui remit une bourse entre les mains,
et s'éloigne avec précipitation. Six semaines après cette
époque, arrive Robert le père au milieu dès siens, qui tra-
vailloient sans relache aux prix de sa rançon. La main qui
venoit de rompre ies fers, lui avoit fait compter cinquante
louis en s'embarquant, et avoit acquitté d'avance son passage, sa nourriture, ses vêtemens : mais cette main ne
s'étoit pas montrée. Dès que les premiers transports de la
joye ont fait place à l'étonnement, ils cherchent avec
anxiété d'où peut être venu ce merveilleux secours. Robert
le fils se rappelle le généreux inconnu, et il n'a point de
repos qu'il ne l'ait découvert. Deux ans se passent à le
chercher vainement : enfin il l'aperçoit dans une rüe ; il
court embrasser ses genoux, et, les larmes aux yeux, il le
conjure de venir jouir de la vue des heureux qu'il a faits
et recevoir l'effusion de leur cœur. L'inconnu a l'air de ne

pas entendre Robert, et le repousse. Les instances du jeune homme redoublent, elles attirent les passans, qu'il presse de se joindre à lui pour fléchir le libérateur de son père. Spectacle enchanteur! où la vertu la plus héroïque lutte contre la vertu la plus touchante; étrange combat, où le plaisir de s'humilier en liberté aux pieds d'un bien-faiteur seroit le prix du vainqueur, et où la gloire que mérite une action généreuse seroit la peine du vaincu.

Plusieurs voix se joignent à celle de Robert : l'inconnu paroît ébranlé un instant, mais bientôt, ramassant toutes ses forces pour résister à la séduction de la jouïssance délicieuse qui lui est offerte, il s'échappe et disparoît.

Cet inconnu le seroit encore, si ses gens d'affaires n'avoient, après son décès, trouvé parmi ses papiers une note bâtonnée de 7,500 envoyée à M. Mayu, banquier à Cadix, qui a dévoilé le mystère et nommé l'immortel Montesquieu. Un trait aussi sublime ne devoit pas être perdu. Depuis longtemps consigné dans quelques ouvrages périodiques, il vient d'être enfin consacré par les Muses, et d'enrichir la scène sous le nom de *Bienfait anonime*.

Quelqu'élévation d'âme qu'eût Montesquieu, il n'outra jamais rien, pas même les choses où il y a de la grandeur.

Aussi frugal que peu recherché dans sa parure , il vivoit avec l'économie d'un sage; précieuse vertu qu'on n'a pas craint de blâmer dans un siècle peu fait pour en pénétrer les motifs, moins encore pour les sentir, car il ne prenoit sur sa famille ni les dépenses qu'occasionnoient ses longs voyages, ni les secours considérables qu'il donnoit aux infortunés. Aussi a-t-il transmis intact à ses enfans (1) l'héritage qu'il avoit reçu de ses pères. Né pour la société,

---

(1) Il avoit épousé, en 1715, demoiselle Jeanne de Lartigue, fille de Pierre de Lartigue, lieutenant-colonel au régiment de Maulevrier; il en a eu deux filles et un fils qui, par ses connoissances, ses vertus, s'est montré digne d'un tel père.

toujours il se montra jaloux d'en être le bienfaiteur. Dans
un âge où les hommes ne songent encore qu'aux plaisirs,
déjà il se préparoit à leur être utile. Pendant le cours
honorable de sa vie, il ne fut occupé qu'à les éclairer, et
il couronna sa carrière par le plus grand bienfait qu'on
puisse leur conférer : celui de leur apprendre à être heureux sous l'empire des loix.

Que l'âme est belle sous ce point de vuě, et quel éclat la
vertu réfléchit sur son génie !

Ce seroit dérober à Montesquieu une partie de sa gloire,
que de passer sous silence ses qualités agréables.

La vivacité, la gayeté, la douceur, formoient le fond de
son caractère; mais chez lui l'éducation, la réflexion et
l'usage du monde avoient encore embelli ces heureux dons
de la nature.

A des manières simples et nobles, il joignoit un commerce facile, et cette politesse qui tire sa source de la
bonté du cœur. Sans prétention, il paroissoit reconnoître
son propre mérite, et ne s'occuper qu'à faire ressortir
celui des autres.

Sa conversation intructive, légère et pleine de sel, le
rendoit l'âme des sociétés choisies, où on se disputoit
l'agrément de le posséder. Personne ne savoit mieux se
mettre à la portée de ceux avec lesquels il se trouvoit.
Personne ne contoit avec plus de grâces. Personne ne
saisissoit mieux un ridicule et n'en présentoit avec plus
de finesse le côté piquant. Mais l'ironie délicate dont il
s'étoit fait une arme dans ses écrits pour corriger les
hommes, s'arrêtoit au bout de sa plume, et ne passa
jamais sur ses lèvres pour offenser le moindre individu.
Avec tant de titres pour plaire, il n'est pas étonnant qu'il
fût aimé de tous ceux qui le connoissoient, et qu'il ait
également réussi chez toutes les nations où il avoit
voyagé.

S'il faisoit les délices des sociétés, il ne s'y amusoit pas toujours. Assez souvent l'ennui le reploit sur lui-même ; mais les fréquentes distractions auxquelles il étoit sujet, le rendoient plus aimable encore. Il en sortoit toujours par quelque saillie obligeante pour ceux qui l'entouroient.

Que vous dirai-je, Messieurs ? On ne lui connut aucun déffaut, et, ce qui couronne son éloge, personne ne désira jamais de lui en trouver.

Me sera-t-il permis de placer ici la règle à côté du mérite ? Car si Montesquieu doit être jugé avec justice, il doit l'être aussi avec rigueur.

Il étoit de ce petit nombre d'heureux chez qui l'éducation et la fortune favorisent de concert le développement des facultés de l'âme. Comme tant d'hommes de lettres, il ne fut point réduit à travailler pour vivre, à extraire les ouvrages des autres, et à copier ses propres ouvrages ; c'est-à-dire à perdre en occupations mécaniques plus de la moitié de ses jours, et à consacrer aux efforts du génie un esprit épuisé de fatigues et accablé de dégoûts.

Maître de son choix, il put embrasser le genre pour lequel il avoit le plus d'aptitude, sans jamais faire violence à son goût. Maître de son temps, il put l'employer tout entier à méditer sa matière, à composer ses ouvrages et à soigner ses écrits, donnant tour à tour, à chacune de ces occupations, les momens où il étoit le plus dispos.

Ainsi, employant les talens à son gré, et ayant à ses ordres tous les secours qu'exige leur culture, si le point de perfection littéraire où il s'est élevé est très haut, c'est aussi le plus haut qu'il pût atteindre.

Les avantages qu'il avoit pour se distinguer par ses talens, il les avoit pour se distinguer par ses vertus. Avec des biens même au-dessus de ses désirs, son âme n'étoit point aigrie par la considération des injustes partages du sort ou le vice des indignes choix de la faveur.

Il put vivre au milieu du monde sans recevoir les atteintes de sa corruption ; en connoître les ridicules sans les partager ; voir les dépositaires de la puissance sans les encenser ; conserver sa gayeté de cœur et son élévation d'âme sans jamais blesser la justice ou manquer à la dignité : comme si la fortune, jalouse de sa gloire, avoit voulu conserver dans leur fleur tous les avantages que lui avoit prodigué la nature.

Triomphant de ses rivaux, chéri de tous ceux qui le connoissoient, respecté dans sa patrie, révéré des étrangers, cité comme un oracle dans le Sénat (1) d'une nation rivale, comblé de gloire, Montesquieu jouissoit enfin du fruit de ses travaux, et s'apprêtoit à acquérir de nouveaux droits à la reconnoissance publique. O douleur ! O regrets ! La parque va trancher le fil de ses jours.

Quoiqu'il n'eût donné dans aucun excès, depuis longtemps sa santé avoit commencé à s'altérer par l'application trop soutenue qu'exigent des méditations profondes, par les chagrins que les méchans lui avoient suscités, peut-être aussi par le genre de vie qu'on le forçoit de mener dans la capitale ; car l'empressement avec lequel on recherchoit sa société étoit trop vif, pour ne pas l'engager souvent à prendre sur son repos.

Dès que la nouvelle du danger où il étoit se fut répandüe, elle devint un objet d'intérêt général. On se portoit en foule chez lui pour s'informer de son état. Le roy lui-même fut sensible à la perte que la nation alloit faire.

La fin de Montesquieu fut digne de sa vie. Eloigné d'une famille qu'il chérissoit, et en proye à ses souffrances, il conserva néanmoins, jusqu'au dernier moment, la sérénité de son âme.

L'Europe le perdit, le 10 février 1755, à l'âge de 66 ans.

(1) Il est le seul Français à qui les Anglais aient jamais fait cet honneur.

Tous les papiers publics annoncèrent sa mort. Les étrangers firent éclater leurs regrets. L'Académie des sciences et belles-lettres de Berlin, dont il étoit associé, fit faire son éloge ; honneur qu'elle n'avoit encore décerné qu'à J. Bernoulli. Et l'Académie françoise lui fit faire, selon l'usage, un service solemnel, auquel, malgré la rigueur de la saison, presque tous les membres de ce corps se firent un devoir d'assister. Détournons les yeux, Messieurs, de dessus cette triste scène, si propre à renouveler notre douleur ; et cessons de considérer la perte que la société fit en Montesquieu pour examiner l'inflüence qu'il a eue sur son siècle.

Fait pour diriger l'opinion publique, non pour s'y asservir, il attaqua les ridicules à la mode et les préjugés destructeurs. Aussi personne ne contribua-t-il davantage à rétablir dans ses droits la raison asservie à l'autorité : glorieuse révolution que Fontenelle avoit commencée, et qui auroit enfin amené le siècle de la vraie philosophie, si tant d'auteurs n'avoient abusé de la liberté de penser. Moins jaloux d'être l'apôtre de la vérité que le ministre de la sagesse, il apprit aux hommes à se servir de leur jugement, mais pour arriver plus sûrement au bonheur ; bien différent de ces écrivains licencieux, que la vanité emporte toujours au-delà des bornes de la prudence ; plus différent encore que ces écrivains insensés, dont la sacrilège audace renverse toutes les barrières, brise tous les liens, livre les hommes à la fureur aveugle des passions, les replonge dans les horreurs de l'anarchie, arrache tout remords aux méchans, toute consolation aux malheureux, s'applaudit en secret des maux qu'elle leur fait, et se repose avec orgueil dans le néant.

Montesquieu respecta toujours les opinions qui assurent le repos de la société, et n'attaqua jamais que les préjugés funestes. Mais pour en purger la terre, il ne prit point le

ton dogmatique d'un réformateur ; il eut recours à cette
satyre délicatte, dont les atteintes, pour être moins violentes, n'en sont que plus sûres. C'est ainsi qu'il ébranla les
autels de la superstition. C'est ainsi qu'il rendit ridicule
les supports du fanatisme. C'est ainsi qu'il désarma l'into-
lérance, et qu'il décria les disputes théologiques, uniquement propres à scandaliser les sages.

D'autres l'avoient précédé dans cette réforme; le premier parmi nous, il porta le flambeau de la philosophie
dans la législation ; le premier parmi nous, il vengea l'humanité outragée, défendit ses droits, et devint en quelque
sorte le législateur de la terre entière.

Il enseigna à ceux qui font les lois à respecter celles de la
nature, les premières, et les plus sacrées de toutes.

Il apprit à ceux qui gouvernent, que les devoirs des
princes et des sujets sont réciproques ; et s'il plia le peuple au joug de l'autorité, ce fut pour les rendre heureux
dans l'empire de la justice.

Il fit sentir aux princes la nécessité de tempérer leur
autorité pour l'affermir.

Il fit sentir aux sujets les divers avantages que les loix
leur procurent, et les porta à les chérir.

Il éclaira les gouvernemens sur leurs vrais intérêts, fit
détester l'abus du pouvoir, fit aimer l'autorité légitime,
rendit sacré le respect dû aux loix et ne chercha à les perfectionner qu'afin de mieux affermir leur empire.

C'est à ces divers égards qu'il a influé sur son siècle.

Son influence sur le monde moral fut aussi prompte que
prodigieuse, et il dut ces succès à la nature des armes
dont il se servit pour combattre des erreurs funestes. Son
influence sur le monde politique n'auroit pas été moins
efficace, si ceux qui entourent les princes aimoient à s'instruire, pouvoient vouloir le bien, et s'ils n'étoient trop
souvent intéressés au désordre.

Pour être peu marquée encore, elle n'en sera pas moins réelle. Sans doute ce n'est plus à présent que des vérités hardies, présentées avec chaleur, peuvent amener une révolution subite. Mais avec le tems, la raison se fait jour; avec le tems, elle dissipe les préjugés, surmonte les obstacles et règne enfin avec empire. Avouons cependant que la lecture de l'*Esprit des Loix* ne s'est pas bornée parmi nous à exciter des sentimens stériles; et quand elle n'auroit fait que tourner les idées vers la réforme des loix criminelles.

Le nom de Montesquieu n'en devoit pas être moins cher aux nations.

Nous avons vu en lui le génie presque sans bornes, la vertu sans tache, et l'amabilité enchanteresse.

Mortel chéri des dieux, qui, dans un siècle avili, fut donné à la terre pour marquer le plus haut point de perfection où peut atteindre l'humanité.

La nature fit tout pour lui : que la fortune ne lui prodigua-t-elle également ses faveurs! Oui, s'il étoit réservé aux sages de gouverner le monde, il ne manqua à sa gloire que d'avoir été appellé auprès du trône pour être l'âme des conseils.

A sa gloire, ô ma patrie, son élévation manqua à ton bonheur.

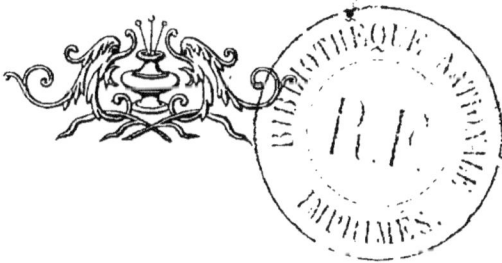

Achevé d'imprimer

LE VINGT FÉVRIER MIL HUIT CENT QUATRE-VINGT-TROIS

PAR G. BOUCHON

Imprimeur à Libourne

POUR

G. MALEVILLE, ÉDITEUR

A LIBOURNE